5T

领导力思维与培养

聂正标 曹毅——著

经济管理出版社

ECONOMY & MANAGEMENT PUBLISHING HOUSE

图书在版编目（CIP）数据

5T 领导力思维与培养/聂正标，曹毅著 .—北京：经济管理出版社，2022.12
ISBN 978-7-5096-8347-7

Ⅰ.①5… Ⅱ.①聂…②曹… Ⅲ.①企业领导学 Ⅳ.①F272.91

中国国家版本馆 CIP 数据核字（2022）第 254545 号

组稿编辑：丁慧敏
责任编辑：丁慧敏
责任印制：黄章平
责任校对：陈　颖

出版发行：经济管理出版社
　　　　　（北京市海淀区北蜂窝 8 号中雅大厦 A 座 11 层　　100038）
网　　址：www.E-mp.com.cn
电　　话：(010) 51915602
印　　刷：唐山昊达印刷有限公司
经　　销：新华书店
开　　本：720mm×1000mm/16
印　　张：13.5
字　　数：155 千字
版　　次：2023 年 3 月第 1 版　 2023 年 3 月第 1 次印刷
书　　号：ISBN 978-7-5096-8347-7
定　　价：68.00 元

前　言

　　无论是在组织行为学、心理学还是在管理学中，领导力都是很受重视的研究方向。目前关于领导力的论文和著作很多，专家学者和管理实践者始终致力于探寻一种简单有效的领导力模型，以更好地指导企业成长。

　　对领导力的研究起源于西方研究者对杰出领导者的观察，如古代马其顿国王亚历山大、英国女王伊丽莎白一世和美国总统亚伯拉罕·林肯等。研究者发现，领导者在很多方面与普通人不同，据此提出了领导的伟人理论，认为伟大的领导者天生具有一些特质，使他们不同于大多数人。而后由于伟人理论在解释领导效能的时候缺乏说服力，学者们将研究视角转向了领导者的方式或行为，如库尔特·勒温及其同事将领导行为划分为独裁、民主和放任三种类型，这为领导行为理论的发展奠定了基础。在此之后，领导力理论的研究转向权变理论阶段，弗雷德·菲德勒提出了第一个全面的领导权变模型，该模型指出：有效的群体绩效取决于领导者的风格以及领导者对情境的控制程度，之后还出现了诸如情境领导理论、路径—目标理论、领导者—参与模型等权变理论。之后，学者们又相继提出了交易型领导理论和变革型（又称转换型）领导理论。交易型领导的概念来自领导—成员交换理论，是指在领导者与下属之间存在一种契约式的交易，以满足下属的需求与愿望，而下属则服从领导的命令指挥，完成领导交给的任务作为回报。变革型领导是指领导者通过激励下属士气，帮助下属以新观念看待老问题，使其看到事业的美好前景而激发出积极性和创造性。两种领导理论的区别在于变革型领导以魅力和预测性的沟通为基础，以提供新奇的问题解决方式来产生智力刺激；交易型领导不利的一面是其以消极的例外管理为基础，有利的一面是其具有情境性的奖励机制。在此之后，随着对领导力研究的深入，学者们还提出了魅力型领导、公仆型领导、道德型领导、真实型领导、幽默型领导等理论。

综上所述，领导力理论经历了由聚焦领导自身到关注领导行为、领导与下属关系，再到详细剖析领导力模型的历程。在当时，这些领导力理论或模型的出现很大程度上解决了企业对领导者的评价问题，确定了优秀领导者的标准，为未来领导者的培养提供了方向。然而，组织对于领导力的需要并不是一成不变的，而是需要持续了解外部环境，有效识别组织战略、文化价值观、企业对管理者的要求等内涵，并不断进行调整。如果是设计广泛用于所有组织的通用领导力模型，则要格外重视外部环境的变化以及大部分组织管理者所面临的问题。

在当今时代，什么样的领导力是组织领导者所需要的？这种领导力的具体内涵又包括哪些？这就是本书重点关注的问题。

当前，中国特色社会主义进入新时代，意味着近代以来久经磨难的中华民族迎来了从站起来、富起来到强起来的伟大飞跃，我国的各类企业也从弱小逐渐走向强大，生存不再是主要的担忧，如何做大做强，已经成为企业面临的关键问题。当然，伴随着我国的跨越式发展，组织面临的内外部环境也更为复杂，不确定性越发明显，领导者遇到的挑战前所未有，这就对领导力模型提出了新的要求，特别是其结构和内容的更新成为重中之重。结合对以往领导力模型的研究与思考，本书提出了以战略性思维、数字性思维、创新性思维、协同性思维和教练性思维为基础的 5T（Think）火箭领导力思维模型，旨在为指导领导者自我评价与提升领导力水平提供参考。

本书分为七章。第一章总结梳理了新时代领导者面临的挑战，这为提出新的领导力思维模型提供了重要依据。第二章详细介绍了 5T 火箭领导力思维模型的结构与内涵，以及 5T 火箭领导力思维模型中五个维度的关系。第三章到第七章详细阐述了战略性思维、数字性思维、创新性思维、协同性思维、教练性思维的概念、内涵及应用和培养。

最后，笔者特别感谢首都经济贸易大学的徐斌教授对本书的指导。同时，在本书的撰写过程中，中国人民大学的王一江博士和王德永博士在提供资料、确定写作方法和内容上给予了大力支持，提出了宝贵的建议。还要感谢《深度玩转思维导图+》的作者马芝子老师对本书插图的指导。

由于水平有限，书中谬误之处在所难免，期望同行不吝指教。全书涉及文献众多，若有一些理论、概念或方法疏于注明出处，在此一并向这些作者表达歉意。

目　录

第一章　新时代领导者面临的挑战

第二章　5T 火箭领导力思维模型

第三章　战略性思维

第四章　数字性思维

第五章　创新性思维

第六章 协同性思维

第七章　教练性思维

第一章

新时代领导者面临的挑战

导入案例

落后于时代的领导思维，家乐福"淡出"中国市场①

在购物渠道相对单一的 20 世纪 90 年代，法国企业家乐福集团公司（以下简称家乐福）开始进入中国市场，凭借其"大卖场"业态、"前台+后台"的利润模式，设置通道费，实现了低成本的快速扩张。2006年，家乐福中国门店数突破 100 家，一跃成为当时外资零售企业在华门店数第一的商超。"开心购物家乐福"更是作为其品牌文化的代表深深地烙印在一代人的记忆中。

彼时的家乐福占据天时、地利、人和，通过充分开拓市场空间，每到一地，几乎都能迅速攻城略地，火爆附近商圈。然而，在时代裹挟之下，零售业风起云涌，没有及时转变思维的家乐福，其零售巨头霸主的

① 资料来源：https://baijiahao. baidu. com/s? id = 1728879258557305474&wfr = spider&for = pc

地位逐渐被撼动，直至被超越。

2007 年，集团领导层为了追求财务数据、方便统一管理，决定在中国设立四个大区，以及对应的城市采购中心，同时收回了店长的大部分自主权力，降低了店长的收入。这种重掌控的领导思维打击了门店的积极性，大量优秀员工跳槽，门店管理水平下降，引发了一系列购物体验问题，为之后的扩张与发展埋下了巨大的隐患。

2011 年起，多家零售企业开始布局电商平台，如沃尔玛百货有限公司（以下简称"沃尔玛"）收购上海益实多电子商务有限公司（以下简称"1 号店"）、入股北京京东世纪贸易有限公司（以下简称"京东"），大润发推出了自己的电商平台飞牛网。无论成功与否，大量零售企业都看到了电商的大趋势，明确了数字化对于企业的重要性。然而，此时家乐福领导层固执地认为电商是零售业的一条弯路，拒绝接受数字化。直到 2015 年，管理层才开始以数字性思维对家乐福进行改革，上线了网上商城，重视数据对经营的指导。

另外，集团领导层忽视了独立供应链在商超中的地位，缺少战略性思考。家乐福的供货方式一直是由供应商直接将货物运送到卖场，永辉、大润发等企业则是早早通过买断、直采的方式建立起线上供应链条，从而把商品的价格降下来。痛失市场的家乐福在 2015 年改变战略，成立配送中心，但为时已晚。永辉 2004 年就在福建建立了第一个配送中心，沃尔玛 2014 年就建立了超过 20 个配送中心。从时间上来说，家乐福 2015 年才开始自建供应链，比永辉晚了 11 年。

领导层思维的滞后使家乐福错过了重要发展机会，一步落后，步步落后。2010 年，在中国连锁协会发布的中国连锁超市十强榜单中，家乐福以 338 亿元的销售规模位居第二。2020 年，家乐福的排名已经降至第八位，销售规模仅为 273 亿元，与 2010 年相比缩水了 19.2%。2022 年 3 月底，北京中关村家乐福发布闭店公告。这家占地 3.2 万平方米，一度被称为亚洲最大的家乐福超市就此关门歇业。

第一节　领导者要有战略性思维

谋无主则困，事无备则废。

——庄周

一、环境对于领导战略性思维的呼唤

错综复杂的环境给各行各业的发展带来了更多风险与冲击，如何积极应对这些挑战并把握机遇，成为新时代领导者亟须解决的问题。

2014 年 5 月，习近平总书记在河南考察时指出，我国发展仍处于重要战略机遇期，我们要增强信心，从当前我国经济发展的阶段性特征出发，适应新常态，保持战略上的平常心态。这意味在国内在内外复杂多变的环境下，经济发展、社会进步、并实现共同富裕需要做出战略性规划与部署，才能实现战略目标。

战略性思维是对全局性、长远性、根本性问题进行谋划的思维方式，有助于领导者在错综复杂的关系中谋划全局、确定坐标，正确认识主要矛盾和坚持全局利益，最终解决主要问题。简言之，战略性思维可以确保组织与动态环境相适应。组织的发展过程是一种适应性成长的过程，在这个过程中，领导者要注重组织与环境的交互作用，并对环境的变化做出快速反应，如根据自身条件和战略部署对组织进行调整或完善，以获取不断进化的能力。但要避免盲目或教条地选择管理模式导致企业出现"水土不服"的情况。因此，领导者必须深入理解环境的变化原因与演进逻辑，结合实际情境进行针对性调整。同时，环境的差异与变化也会呼吁领导者对组织的管理与行为进行改变与调整。比如可口可乐，我们熟悉的包装是红白搭配，但在阿拉伯地区却改为绿色包装，因为阿拉伯人更偏爱象征生命和绿洲的绿色。同样，在中国象征着热情与美好的红色，却难以被德国人接受，而如果将出口德国的鞭炮包装换成灰色后，便打开了销路。

二、战略性领导思维的理论基础

战略性思维是一种宏观的指导思维，与外部环境的变化以及自身的认知水平息息相关，其理论基础主要有以下三个：

（一）领导权变理论

领导权变理论（Contingency Theories of Leadership）又称领导情境理论，也称费德勒权变理论。领导权变理论认为，每个组织的内在结构、运行逻辑、外在环境条件都各不相同，成功管理的关键在于领导者充分了解、掌握组织内外状况，并积极、有效地应变环境变化，不存在一种绝对最佳的领导方式。领导者的领导行为不仅取决于他的个人特质，也取决于他所处的具体环境。因此，领导者具备战略性思维的关键在于应势而变，随时根据环境变化对组织做出调整。

（二）高阶梯队理论

高阶梯队理论（Upper Echelons Theory），由汉姆布里克和梅森（Hambrick and Mason）在 1984 年提出。高阶梯队理论认为，由于内外环境的复杂性，领导者只能对视野范围内的现象进行观察，此时，领导者的自身特质与管理认知决定了他们对现象的解释力与对未来的预判力。但如果想要在更大范围内提高自己的战略决策能力，就需要领导者合理配置周边的高层管理团队，以此来弥补自身特质或认知的不足。高阶梯队理论认为，领导者需要对高层管理团队进行合理的构建，这是因为拥有不同背景特征的管理者，往往会有不同的价值观和个人认知，这些因素直接影响战略决策与执行。由此可见，领导战略性思维的充分发挥还依赖于高层管理团队的成员配置。

（三）愿景激励

组织愿景指的是大家共同愿望的景象，也是组织中人们所共同持有的意象或景象。当这种愿景成为组织全体成员一种执着的追求和内心的强烈信念时，就成为组织的凝聚力、动力和创造力源泉。愿景是战略的基础，愿景激励可以让组织成员清晰地了解组织的发展前景、深刻认识到组织的发展理念、明确组织的战略目标与前进方向，让组织成员与领导者一起分析当下的工作对全局利益与整体发展的影响。

愿景激励指导了领导者的管理实践。贾良定（2004）通过对中国企业家的愿景式领导进行研究，把企业家分为易变者、创造者和改进者三种类型。他认为改进型企业家是最成功的企业家类型，不仅因为他们关注企业的内部组织与架构，注重市场与产品的变化，还因为他们具有坚定的目标与远见的洞察力。同理，战略性思维的领导者要想战略准确执行，也需要对员工进行愿景激励，使他们对组织战略有一个清晰的认知，并愿为之奋斗。

三、战略性领导思维的研究发现

学者们对领导者的战略性思维进行了一系列探索和研究。斯特巴特（Stubbart，1989）指出，战略是由领导者提出的，因此战略的制定本质上反映了领导者的战略性思维。随后，鲍伯·加雷特（Bob Garrett，1997）从战略性思维的核心主体出发，指出战略性思维是高层领导者运用直觉、想象力、创造力思考组织和正在变化着的环境的一个过程。国内学者孙景贵（2012）进一步将战略性思维解释成一种全局性思维、长远性思维和目的性思维，运用战略性思维认识和思考问题往往基于一个确定的战略目标或意图。

此外，战略性思维的形成受到诸多因素影响。皮萨皮亚（Pisapia，2009）和卡尔金（Kargin，2012）通过实证研究发现，领导者的个人特质会显著影响其在战略制定时的思考与选择，这些特质可以包括但不限于年龄、任期、职业背景、专业背景以及学历等。格罗斯（Gross，2016）通过实证研究进一步发现，领导风格会对领导者的战略性思维产生影响，如变革型领导风格和交易型领导风格对战略思维有积极影响，但放任型领导风格虽然在某种程度上会影响领导者的战略思维，但非关键因素。在此基础上，国内学者周乐欣等（2022）通过深入客观分析企业家从战略思考发展到战略性思维的过程，构建了以文化层、实践层、分析层为一体的三层模型，有效解释了战略行为的逻辑与战略性思维的形成。当企业家将基于已有资源与发展历程形成的解决未来的能力与洞察力、贯彻力有机结合起来，就形成了企业家的战略领导能力（余来文，2006）。

战略性思维在管理实践中同样具有重要的实践价值与指导意义。

在个体层次上，战略性思维是面向未来的学习能力、变革能力和激励能力；在组织层次上，战略性思维是组织所具有的能对外部环境产生深远影响的非人格化要素的组合过程及其结果（张钢和李慧慧，2020）。因此，在个体层面，有战略眼光的领导者在实施战略领导力的过程中，要高瞻远瞩，有更加长远的决策机制，解决更加棘手的问题，勇于面对自身的错误，从而推动其管理能力的不断发展（朱丽，2019）。在组织层面，领导者的战略性思维可以激发并提高组织活力（孟瑶等，2013），提升组织的学习能力、创新能力、协调能力，推进持续不断的组织变革，以全新的方式应对来自技术革命、消费者偏好、竞争对手行动等多方面变化所带来的挑战。

其实，战略性思维不仅仅运用在组织管理中，更是中国共产党成功革命、建设与改革的法宝。党的十八大以来，以习近平同志为核心的党中央弘扬中国共产党的战略思想传统，立足世界百年未有之大变局和中华民族伟大复兴的战略全局，坚持实事求是、以人民为中心，展现了新时代中国共产党人坚持战略思维的鲜明特点，进一步丰富和发展了马克思主义的战略思维理论。

因此，当环境呈现出动荡、不确定性、复杂性和模糊性的整体态势时，组织要在瞬息万变的环境中生存与发展，客观上要求组织的领导者具备战略性思维。

第二节　领导者要有数字性思维

数据科学家：21 世纪最性感的工作。

——《哈佛商业评论》

一、数字经济要求领导具备数字性思维

党的十八大以来，党中央高度重视发展数字经济，将其上升为国家战略。习近平总书记指出，发展数字经济是把握新一轮科技革命和产业变革新机遇的战略选择。数字经济健康发展，有利于推动构建新发展格局，有利于推动建设现代化经济体系，有利于推动构筑国家竞争新优势。企业作为国民经济发展的中坚力量，理应在数字经济发展中贡献自身的力量。

进入数字经济时代，数字技术将为中国经济注入新的动能和活力，为消费、投资、技术转化和生产制造等多个领域带来新的增长空间，全面提升经济发展的效率水平。随着数字技术日益融入经济社会发展与生态文明建设，不仅提高了政府的社会治理精准化水平、决策的科学化水平、公共服务的高效化水平，还夯实了基层政府的领导力，提升了政府网络领导力。因此，数字技术在驱动经济发展与社会进步的同时，也对

领导力作用的发生情境和发挥过程产生巨大冲击，对领导者提出了新的挑战。

数字性思维是领导者在应对数字时代的问题时必备的思维方式。数字技术带动各行各业的组织进行体系重构、动力变革、范式迁移等层面的数字化转型，数字化转型成功需要领导者拥有与数字时代相匹配的思维模式，并且要求领导者在管理实践中以数字技术为中介转变自身行为模式、情感表达、思维方式，进而引领组织成员的行为、思维转变以及团队和组织绩效提升。

山西杏花村汾酒集团有限责任公司（以下简称汾酒集团）用数字化手段复兴中国酒文化。面对数字技术带来的新流量与影响力，汾酒集团抓住机遇，积极进行内部系统性数字化升级改造，打破信息孤岛，使流程管理更加精细，促进各业务线更加规范、高效、协调。同时，汾酒集团引进数字化营销，不仅公关线、传播线、终端线和互动线同时发力，而且还原了中国酒文化，扩大了国际影响力，还拉近了与当代年轻消费者间的距离。

因此，数字经济要求领导者具备数字性思维。具备数字性思维的领导者不仅可以运用数字技术提升组织绩效，发挥组织在市场和社会中的影响力，还可以通过推进组织的数字化转型，带动整个产业的创新变革和数字化升级，进而为组织的可持续发展塑造有益的环境。

二、数字性领导思维的理论基础

数字性思维涉及组织运营的方方面面，是驱动组织转型发展的中坚力量，其理论基础主要有以下三个内容：

（一）数字化转型

数字化转型是指在信息技术应用不断创新和数据资源持续增长的作用下，组织进行架构优化、职能变革及运行升级的过程。在数字化转型过程中，组织需要适应不断更迭的科技革命和产业升级，持续拓展新一代信息技术的应用场景，激发数据要素潜能，促进商业模式转型，催化产业结构升级，培育新动能、营造新理念、创造新价值，实现转型升级和创新发展。

数字化转型过程中最核心的要素是数据。数据可以真实、有效、客观地反映组织信息。数字化转型通过促进数据的利用程度与挖掘程度，提升组织的综合治理水平与资源配置效率。并且，数据可以跨越不同组织之间的壁垒与鸿沟，打破组织的边界，实现不同组织之间的协同发展。因此，领导者具备数字性思维的核心在于对数据的重视。

（二）企业信息化

企业信息化（Enterprises Informatization）实质上是将企业的供求、生产、销售、运营等运行要素进行信息化处理，生成新的信息资源，实现企业内外部信息的共享和有效利用，以提高企业的经济效益和市场竞争力。需要注意的是，企业信息化的基础是组织的管理方式和运行机制，核心是通过先进的数字化技术手段将企业现有的生产、经营、设计、制造、管理等传统信息纳入信息化系统，为企业决策及时提供准确而有效的数据信息，而数字化技术本身仅仅是企业信息化的实现手段。

为此，数字性思维的领导者要整合数据资源，构建组织的信息化系统。

沃尔玛特别重视信息沟通和信息系统的建设。沃尔玛率先在行业内使用各种先进的电子商务信息系统化管理模式，以先进的信息化技术为手段，以信息流为中心，带动物流和资金流的运动，通过整合全球供应链资源和全球用户资源，实现零库存、零营运资本与用户的零距离的目标。沃尔玛通过供应链信息化系统实现了全球统一采购及供货商自己管理上架商品，使产品进价比竞争对手低10%之多；另外，沃尔玛还通过卫星监控美国各地的销售网络，对商品进行及时的进货管理和库存分配。当凯玛特（美国第三大折扣零售连锁公司）也意识到信息化的重要性并效仿沃尔玛起步时，沃尔玛已在全美国4000个零售店配备了包括卫星监测系统、客户信息管理系统、配送中心管理系统、财务管理系统、人事管理系统等多种技术手段在内的信息化系统。

（三）数字化创造力

随着数字化理念与技术应用到组织的日常实践管理中，数字创造力也将在组织运行与发展过程中发挥作用。数字创造力是指由数字技术驱动的组织要素在运行过程中所表现出来的创造力。数字化创造力不是简单的技术更迭，它是"在数字环境中处理任务时能够解决问题并创建新的产品"。数字化创造力的重点在于通过数字化技术的运用，在各种创造活动中展现出来各种形式的创造力。因此，数字性思维的主要作用在于通过数字技术的应用推动组织的创新发展。

李宁（中国）体育用品有限公司（以下简称"李宁"）通过数字化互动引流进店。李宁以上海契胜科技有限公司（以下简称契胜科技）多种形态互动体验终端和多样玩法的互动营销服务，充分发挥门店的空间价值和场景价值，吸引门前客流驻足参与体感游戏等互动营销服务，打造"聚集效应"，为门店造势并有效提升了客流和进店率。同时，在顾客参与互动游戏时开展会员注册、发放优惠卡券等营销活动，有效赋能后期销售转化。此外，契胜科技还为李宁提供了智能试衣镜、云货架、卡券核销、数据沉淀等多种产品和能力，为门店构建了从引流进店、体验触达、留存转化到复购回流的全链路业务闭环。契胜科技"拎包入驻"的一站式闭环解决方案，使李宁"只要几个人就能完成门店数字化改造"，大大提升了门店效率，降低了运营成本，顾客进店率、转化率和复购率都得到了明显提升[①]。

三、数字性领导思维的研究发现

领导者具备数字性思维是大势所趋、刻不容缓。张德勇（2021）通过研究认为，大数据、人工智能、云计算、5G 等新一代科技手段的应用，既有利于提升实体经济的数字化水平，也有利于催生新产业、新业态、新理念。数据显示，2020 年我国数字经济规模达 39.2 万亿元，占 GDP 比重为 38.6%，数字经济总量跃居世界第二。这充分证明了数字经济已经成为推动经济高质量发展的新引擎之一。

尽管数字时代的领导者特质与传统领导力有相似之处，但领导对下属发挥影响力的过程以数字技术为中介，影响了上下级关系，进而改变

---

① 案例来源：https：//www. rongyi. com/a/detail-52. html.

了领导行为。不仅如此，数字技术还改变了领导和下属的认知、情感表达、沟通及规范、价值观和组织文化等。这就需要领导者具备数字性思维来应对数字技术带来的信息沟通方式和工作开展方式的改变。数字性思维不仅要求领导者具备相对专业的数字素养与业务转换等业务能力，还要求领导者能够清晰地阐明新技术、新战略、新实践的价值与意义，并且，领导者在数字化转型中要具备跨界互动、角色共鸣的能力（段柯，2020）。根据这些要求，巨彦鹏（2021）通过构建数字领导力5×4矩阵，指出数字性思维的领导者应具备数字沟通能力、数字社交能力、数字变革能力、数字团队能力与数字信任能力。

无论是政府部门还是在企业，数字性思维都十分重要。臧超和徐嘉（2020）通过对政府领导力数字化建设进行研究发现，从宏观角度看，全面发展数字政府能够引领公共领导力；从中观角度看，积极建设数字社区能够夯实基层领导力；从微观角度看，培育干部数字素养能够提升网络领导力。在企业方面，韦纳（Weiner，2015）认为，领导者通过运用数字化技术解决组织人事和运营成本难题，实现了管理决策的改善和流程运作的优化。李燕萍和苗力（2020）认为，具备数字性思维的企业领导者更强调员工的能力发展和个人成长，员工具有更强的自主性与参与性，这可以进一步激发员工的创造力，同时推动企业的数字化变革和组织的平台化赋能。

但是，数字性思维也给领导者的管理实践带来了一些挑战。阿沃利奥和（Avolio，2003）通过研究发现，数字技术的应用突破了传统的组织边界，比如信息渠道的增多与互动形式的改变，使领导力开始向下转移。如果下属能够与领导者同时获取信息，那么领导者的公信力和影响力将会受到挑战。另外，扎卡罗（Zaccaro，2003）还强调，数字化交流过程中难免会产生信息失真，因此数字性思维要求领导者必须站在执行和沟通链条的顶层来确保团队成员正确理解自己的任务。

数字性思维在宏观层面影响经济业态与科技效益，在组织层面影响组织绩效与管理模式，在个体层面影响成员的公信力、领导力以及创新能力。因此，领导者需要深入理解数字性思维的内涵、特征，并以此进行数字性思维的开发与锻炼。

第三节　领导者要有创新性思维

道在日新，艺亦须日新，新者生机也；不新则死。

——徐悲鸿

一、创新驱动发展对于创新性思维的呼唤

党的十八届五中全会提出创新、协调、绿色、开放、共享的发展理念，并把创新放在五大发展理念之首，强调创新是引领发展的第一动力。抓创新就是抓发展，谋创新就是谋未来。由此可见，创新发展体现了当今世界潮流和当代中国发展的新要求。

当前，我国经济进入了结构性转型期，工业化建设基本结束，企业发展进入了后工业化时代。在这一阶段，资本积累速度明显放缓，投资不再是拉动经济增长的最强劲引擎，曾经的短缺经济变成了过剩经济。

对企业而言，市场基本饱和，增量市场迅速消失。企业无法像过去那样，依靠扩张产能实现自身发展，而是需要在存量市场中竞争。这种竞争不仅是国内企业之间的竞赛，更是国际企业间的对抗。

那么，在市场普遍饱和的情况下，企业如何摆脱困境？企业要么开辟新的市场，要么在现有市场上抢夺更大份额。无论哪种方法，都要求企业具备创新能力。可以说，后工业化时代，创新能力已成为企业最重要的竞争力，具备创新性思维的领导者是组织迫切需要的人才。

在 2021 年的主流电动车企业中，只有特斯拉和比亚迪用上了 SiC 半导体器件，使电驱动效率大幅提高。究其原因，前者凭借购买力消耗了 2021 年全球 SiC 半导体器件的几乎全部产能，其他车企只能望洋兴叹。比亚迪凭借技术创新，历经 15 年的研究，实现了 SiC 器件的自主生产，成功跻身半导体行业，不仅开辟了新的产品路线，也为电动车的竞争提供了技术优势。

领导者没有创新性思维，企业注定走不长远。传播媒介的发展就是最好的案例。曾几何时，报纸是人们获取新闻资讯最重要的媒介之一。如今随着电子信息技术的发展以及智能设备的普及，人们的阅读习惯、获取信息以及娱乐的方式都在改变。各类社交软件抢夺用户的媒介消费时间，搜索引擎霸占了在线广告市场，加之自媒体业务的蓬勃发展，传统纸媒面临黯然退场的局面。仅 2018 年，20 多家报纸宣布停刊，其中就包括知名度较高的《法制晚报》《北京晨报》等。此外，在互联网视频平台的冲击下，电视台同样面临这一挑战。由于互联网逐渐成为媒体的主战场，直播、短视频等媒介成为视频信息传播的重要窗口，不少地方电视台已经到了生死存亡之际。在这种环境变迁的冲击下，循规蹈矩发展的传统媒体企业都面临消亡。只有不断创新业务模式，随环境而变，甚至领先环境进行自我革新的媒体，才能够活下来并做大做强。

美国流媒体平台 Netflix 最初从事在线租赁和邮寄 DVD 业务。当发现 DVD 业务的利润下降时，创始人哈斯廷斯立刻着手打造视频流媒体，进行业务创新，实现了用户规模的大量增长。2011 年，公司为了不再受制于版权争夺，再次对商业模式进行创新，开始打造自制剧，率先实现从外部授权到自产内容的转变，成为流媒体平台中的"领头羊"。

二、创新性领导思维的理论基础

一直以来，创新都被认为是一种先天特质，无法通过后天培养来提升。然而，近代以来越来越多的研究发现创新是一种理解和实践能力，是人人都具备的潜能。只要采取合适的方法，领导者就能够促进个体的创新行为。激励创新行为主要与以下两个理论基础有关：

（一）创造力内隐理论

20 世纪 80 年代，美国心理学家斯滕伯格（Robert J. Sternberg）等提出了智力的外显理论和内隐理论。所谓外显理论，就是指相关专业领域的研究者通过大规模的抽样调查并对所得数据进行分析处理，最终得出关于智力的定义、结构以及发展规律的理论。内隐理论是与其相反的、存在于普通人头脑中的、没有统一模式的、较模糊的关于智力的看法。对于大部分人来说，有关智力的理解往往源于个人的脑海中，而非公开发表的文章。

智力的内隐理论启发了人们关于创造力的理解。由于创造力相对于智力来说更加抽象，人们对于创造力的理解更有可能是内隐的，是基于生活和工作环境下所形成的，且以某种形式存在于个体头脑中的关于创造力独特的概念、结构及其发展的看法。这种创造力内隐观具有系统的结构，即内在的原型。人们能运用这种原型精确地评估自己和他人，所做出的每一种解释都具有一定的聚合—区分效度。对于组织来说，领导者对创造力的内隐评价深刻影响了下属的创新行为。正是由于对创造力的理解各异，领导者才会形成不同的管理思维模式，从而采取不同的领导手段。同样，组织中的员工对创造力和创新行为也有独特的见解和态度。推动员工的个人理解转变为与组织发展匹配的共同理解，从而涌现出更多的积极创新行为，是领导者的必修课，也是创新性思维的理论基础。具备创新性思维的领导者能够更好地理解创造力，并运用管理手段激发员工的创新行为。

（二）认知评价理论

思维活动和知识是创新的基础，这就决定了创新活动往往是自发的，受到个体内在动机的直接影响。然而，并非所有个体都具有创新的意愿。领导者如何通过外部因素影响个体的内部动机，从而促进创新行为的产生就成为学者思考的重要问题。

美国心理学家德西和瑞安（Deci and Ryan）在 20 世纪 80 年代提出了一种关于人类自我决定行为的动机过程理论，即认知评价理论（Cognitive Evaluation Theory）。这一理论认为，环境因素主要通过两种基本的认知过程对内在动机产生影响。第一种是导致个体认知过程中的因果关系路径发生改变。物质奖励、时间期限、监督和评价等往往使个体感觉到行为活动缺乏自主性，受到他人的控制，结果削弱内部动机；而工作中的选择机会、民主参与等外部事件使个体感觉到自我决定，将会增强内部动机。第二种是导致胜任知觉的改变，当外在事件令个体感觉到胜任工作而不是削弱他们的胜任感觉时，内部动机将会增强。由此而言，环境因素可以分为信息性、控制性与去动机性三种类型：信息性的事件促进个体内在的因果知觉与胜任感，由此提高个体内部动机的水平；控制性的事件产生的是一种压力，提高个体外在因果知觉的水平，降低自主的感觉，从而削弱内部动机；去动机性的事件意味着无效的事件，导致个体产生无法胜任的感觉，这种感觉会削弱内部动机。

认知评价理论为领导者如何运用管理手段（外部环境）影响员工的内在动机提供了指导。创新性思维正是从信息性的因素出发，通过鼓励、容忍失败、基于自主权等方式，增强员工的内在动机，从而推动创新行为的产生。

三、创新性领导思维的研究发现

创新一直是管理学领域的经典话题，围绕创新性领导思维的研究也较为丰硕。总结来看，已有研究主要围绕领导者创新性思维的特征以及创新性领导思维的影响效果展开。

邱霈恩（2003）将领导者创新性思维概括为：变封闭型思维为开放型思维，放眼世界；发散思维与集中思维并用，优化领导战略。胡国栋和魏伊含（2011）认为，创新性领导思维对领导者来说是一种内在个人过程，即创新必须由外在的功利性追求内化为一种品格，凝结在其思维模式之中。创新型领导者必须要有特殊的创造能力以及突出的创新思维和创新素质。马正立（2017）提出，创新型领导者应具有非线性思维和非理性因素，如想象、激情、直觉与灵感等。这是因为创新型领导者要走出传统治理领域，抛弃泰罗的机械决定论，实现"破旧立新"。尽管论述的角度不同，但多数研究都认同领导者的创新性思维应包含开放的发散想象以及内敛的聚焦集中，这为提升领导者的相关思维能力提供了指导。

另外，有关创新性领导思维的影响研究普遍认同其在提升员工创造力和组织绩效上的积极作用。巴萨德（Basadur，2004）认为，具备创新思维的领导者能够通过营造创新支持氛围和管理革新过程来促进新想法在工作中的迸发。马克里和斯坎杜拉（Makri & Scandura，2010）指出，创新性领导鼓励下属进行探索与冒险，能够培养下属的创新能力以及社交能力。卡尔梅利等（Carmeli，2010）探讨了创新性领导思维在培养组织与其环境的战略契合度以及增强各种经济关系和产品绩效成果方面的重要性。马前和刘亚丽（2020）的研究发现，创新性领导思维能够通过个体的组织创新支持感和创新意愿正向影响员工的创新行为。

第四节　领导者要有协同性思维

万人操弓，共射一招，招无不中。

——《吕氏春秋》

一、组织运转对于协同性思维的呼唤

协作是人类活动的基础，可以说，人类的发展史就是协作的发展史。男人和女人结合协作成为家庭，血亲间协作成为家族直到民族，地域和陌生人协作成为国家，商业和政治协作诞生全球化。

当协作随着人类发展，促进文明进步时，其内涵也在不断演变。农业时代的协作强调家庭合作、市场交换；工业时代以模块化、强分工的协作生产为主要形式；如今，单纯的协助工作已经无法满足互联网时代的要求，互相帮助、互相激励，一致完成某一目标的协同成为协作的新要求。习近平总书记在中国共产党与世界政党领导人峰会上强调："我们要推动各国加强发展合作、各国人民共享发展成果，提升全球发展的公平性、有效性、协同性，共同反对任何人搞技术封锁、科技鸿沟、发展脱钩。"由此可见，协同已经成为当今时代全球发展的必需品。

对于组织而言，协同的必要性首先体现在职能的模糊化上。在工业时代，组织间以及组织内部不同部门之间的界限都是清晰的。员工能够认识到自己的职责，领导者能够将工作清楚地区分开来。每个人、每个部门及每个组织都被明确划分了自己该做什么、能够做什么、不该做什么。然而，随着大量组织采取生态布局，以及信息技术的普及和推广，数字经济时代的组织之间、组织单元之间的界限越发模糊，逐步超越企业、产业和地区的范围，甚至跨越了国界，组织的界限不再像工业经济时代那样清晰可辨。这就使传统的组织职能被弱化，各组织和部门之间的资源整合和职能互补越来越重要。与其说组织是存在于某个地理位置，由人、厂房、设备和资金等构成的实体，不如说它是一个由各种要素和机能组成的系统。因此，对于组织领导者而言，如何应用协同性思维，以便合理运用和排列组合系统中的各种要素，成为组织持续发展的关键。

北京首都旅游集团有限责任公司（以下简称首旅集团）是以旅游商贸服务业及相关产业为核心的战略性投资运营集团。自酒店业务逐渐在行业占据一席之地后，集团开始进行生态业务布局，投资或直接管理北京首旅置业集团有限公司、北京市北京饭店有限责任公司、中国全聚德（集团）股份有限公司、北京首汽（集团）股份有限公司等公司，形成了"文娱、商业、住宿、餐饮、出行"五大战略业务单元。在首旅集团"十四五"规划中，集团总经理明确提出通过协同管控、协同运营、共享服务，实现以"放管服"促协同赋能。[1]

此外，时代的快速变化也要求领导者具备协同性思维。当前组织的生存环境日益复杂多样、多元，各种要素交织在一起，形成"我中有

---

[1]　资料来源：https：//www.sohu.com/a/478795846_121106842

你，你中有我"的生态格局。另外，从组织的人才供给来看，科技的高速发展使不同专业的知识壁垒提升，通用型的人才越来越少，取而代之的是专业型人才和复合型人才。尽管他们可能精通某一个或两个领域，但对大部分内容缺乏足够了解。在这种混沌变化的环境中，如果单纯依靠个人的能力，根本无法做出应对。只有群策群力，合理调动每一个人，力出一孔，才能敏捷反应。正如任正非所言：一个人不管如何努力，永远也赶不上时代的步伐，更何况知识爆炸的时代。只有组织起数十人、数百人、数千人一同奋斗，你站在这上面，才摸得到时代的脚。

腾讯、京东等头部互联网公司在进行新产品或新功能的研发时大量采用项目协调制，即根据任务的不同，从各个部门或其他项目团队中抽调人员，将具有不同优势的个人聚集在一起组成团队，以协作打造人才生态，在工作中取得"1+1>2"的成果。

二、协同性领导思维的理论基础

协同性领导思维的提出有其理论依据。协同以协调多人、一致完成目标为要求，在应用过程中离不开对协作意愿和共同目标的理解。同时，协同并不意味着完全的和谐，适当的争论也有助于协同的进行。具体主要包括以下两个理论：

(一) 协作系统理论

协作系统理论（Cooperative System Theory）是社会系统学派的重要

内容，由美国管理学大师巴纳德（Chester Barnard）在《经理人员的职能》一书中提出。巴纳德认为，社会活动一般是由正式组织完成。组织就是"有意识地加以协调的两个或两个以上的人的活动或力的系统"。在这个系统中，各个部分之间都是协同相连的，想要做好协同必须注重三个基本要素。

第一个要素是"协作意愿"。协作意愿意味着自我克制，交出个人行为的控制权，使个人行为非个人化。协作意愿的获得一般可以采取两种措施：一是为成员提供物质、威望、权力等客观刺激，二是通过说服来影响成员的主观态度，包括培养成员的协作精神和集体主义精神等。

第二个要素是"共同目标"，这是协作意愿得以产生的必要前提。

第三个要素是"信息联系"。协作意愿和共同目标都要通过信息联系才能沟通。

同时，巴纳德十分强调经理人员在协作系统中的作用。他认为，经理人员是正式组织中最关键的因素，协作系统只有靠他们才能维持。组织目标和个人目标需要经理人员进行协调，整个程序的顺利运行需要通过经理人员发挥职能。经理人员的职能主要包括：建立和维持一套信息联系的系统；招募和选拔能积极主动、协调工作的人员并使之有效率地工作，对其进行激发、引导、监督、培训等；维护和制定组织的目标；授权；决策。

（二）合作与竞争理论

合作与竞争理论（Co-competition Theory）由美国社会心理学家多伊奇（Morton Deutsch）于 1949 年提出。他强调个体通过目标实现来促进个人利益提升，但是对个体利益的追求并不妨碍团队成员间的集体协作和关系发展。团队成员对目标结构的感知决定了其互动方式，对绩效有重要影响。这一理论后来被其他学者进一步阐述为一种理解团队成员共同努力、团队冲突和团队绩效的重要理论基础。

团队合作与竞争理论最基本的前提假设，是团队成员对团队目标相依的理解决定了团队成员的期望、成员之间的互动并影响团队产出。多伊奇在完善这一理论的基础上，提出了三种类型的团队目标相依方式——合作性目标、竞争性目标和独立性目标。在合作性目标中，团队成员认为彼此之间的产出正相关，队友目标的实现有助于自己实现目标，团队成员和队友可以同时成功；在竞争性目标中，团队成员认为彼此之间的产出负相关，团队成员通过牺牲队友的目标来实现自身目标；在独立性目标中，团队成员认为自己的目标与队友的目标无关，队友之间缺乏彼此互助的报酬动力。

团队是一个成员之间相互依赖的组织，合作是团队存在的基础，建立在这种基础上的合作与竞争性目标相依必将对团队产生重要影响。

三、协同性领导思维的研究发现

协同性领导思维是在组织中解决具体问题的思维方式。当前有关此概念的研究较少，主要集中在公共管理领域，并以概念辨析和具体实施为主。

王雨虹（2017）认为，协同性领导思维与传统领导思维最大的不同在于，前者强调以领导主客体间双向或多向互动为基本模式，与传统的领导者—被领导者的信息单向直线传递相比，更强调信息的充分共享和双向互动。组织目标的实现更加依赖组织成员的知识、技能及专长，而不需要事事依赖领导者"任务下达、指示批准"，更注重的是组织成员之间的彼此协作，倡导共同管理。张彩玉（2008）在研究中指出，协同性思维包含价值协同、规范协同、授权协同、跨边界协同、信息协同。

在实现领导者协同性思维的过程中，劳伦斯（Lawrence，2017）总结道，共享发展愿景、设置相互依存关系和共同责任、鼓励沟通是发挥协同性思维的必要步骤。对此，齐宁和李兆友（2021）还做了进一步阐述，需要经历：

（1）激活行动，对协同目标所需要的参与者和资源的识别和整合。

（2）构架行动，构建协同治理的基本框架和工作环境，对组织架构、参与者的角色、运行规则、价值与文化等达成共识。

（3）动员行动，发展协同网络参与者和外部利益相关者对协同过程的支持。

第五节　领导者要有教练性思维

管理者必须拥有"教练思维"。

——比尔·坎贝尔

一、激发潜力对于教练性思维的呼唤

致天下之治者在人才。人才是我们实现民族振兴、赢得国际竞争主动的战略资源，是经济社会发展繁荣的重要因素。习近平总书记在中央人才工作会议上强调："人才是衡量一个国家综合国力的重要指标。国家发展靠人才，民族振兴靠人才。"当前，各国都在寻求新的经济增长着力点，对人才的需求与日俱增，掀起了人才争夺的全球"战争"。值得注意的是，对外部"增量"的争抢只是实现人才强国的途径之一。在人才战争白热化的今天，另辟蹊径，从激发潜力入手，培养和激励人才，增加内部人才的"存量"，也是组织快速积累人才优势的重要方法。

人才自主培养一直是挖掘人才潜力的主要途径，也是"人人皆可成才"的重要体现。完善的培养体系能够丰富员工知识，提升工作能力，改善工作态度，将其从人力资源转变为人才资源。然而，在我国，人才培养一直是组织人才管理中较薄弱的环节。相较于国外大型组织成熟的培养体系，我国的人才培养体系普遍处于起步阶段，缺乏系统设计，暴露了很多问题。

首先，部分领导者将人才培养看作员工福利或是财务支出，不愿开展相关活动，投入也十分有限。比起培养所需人才，他们更习惯直接招聘弥补空缺。这种滞后的培养理念严重阻碍了组织内部人才存量的保持和提升。诚然，人才培养需要花费大量的资金，其效果也需要一段时间后才能体现，但经过自主培养的人才往往具备更高的忠诚度，熟悉组织情况，能够有针对性地解决长期发展面临的困境，是组织中真正的

"主力军"。

其次，虽然一些国内大型组织开始重视人才培养，但并没有理解其与传统培训的区别，培养缺乏目标性，无法服务于组织的长期战略。"头痛医头，脚痛医脚"是一种普遍现象。

最后，人才培养计划的制订离不开人才的需求。当前，真正能够尊重人才发展意愿，结合个体实际情况和组织需要设置培养计划的组织和领导少之又少。当培养内容与人才的意志相违背，培养的效果就会大幅下降，人才与组织之间的关系也会出现冲突。只有解决这些问题，才能真正实现人才数量的指数增长。

另外，人们都希望他人对自己加以赏识。合适的激励计划与执行，能够有效激发人才的工作热情，激发其个人潜能。无法满足期望的负激励则会抑制工作积极性，导致关键人才大量流失。

人才激励最基本也是最直接的方式就是物质奖励。在现代组织中，物质奖励的重要性已经不言而喻，奖金、股权分配等方式被大量运用在企业中，用于鼓励人才。然而，当物质激励成为一种普遍手段时，其有效性和竞争力也在逐步下降，无法用货币衡量的内在激励却逐渐发挥出了更加持久的作用。

美国大型企业在 20 世纪 90 年代就开始重视内在激励的重要性，并采取全面薪酬战略，将职位消费激励、荣誉感激励等作为人才激励的重要内容。沃尔玛在各个商店和培训场所的橱窗上，悬挂先进员工和优秀学员的照片，甚至对进步较快、能够高效运用培训知识的售货员授予"山姆·沃尔顿企业家"称号。随着实践的发展，内在激励的具体形式越来越多样化，强调个人成长的陪伴式辅导、赋能激励、目标激励等逐渐被海外大型组织所运用。

培养和激励人才的问题看似复杂，但并非难以解决。事实上，体育教练们已经摸索出了一套解决方法，并取得了巨大的成就。他们通过体系化的培训方式、自驱成长的辅导方式、目标引领的激励方式，帮助运动员实现了从零到一、从能到精的飞跃。虽然体育领域具有独特性，但这种成功经验为组织领导者们指出了一个激发人才潜力的重要方向：像教练一样思考，学习并理解教练技术，帮助员工发挥自我优势和创造力，以锻炼促成长、以成才助发展，实现组织和员工的双赢。

二、教练性领导思维的理论基础

教练性思维以内在激励为主要思路来挖掘人才潜力，其理论基础离不开对员工心理层面的探究和内在激励路径的理解。具体主要包括以下两个理论：

（一）领导—成员交换关系理论

领导—成员交换关系理论（Leader-member Exchange Theory）由美国心理学家葛伦（Graeo）于 1976 年提出。该理论认为，领导者会出于诸多因素与成员们建立不同程度的亲疏关系，从而形成无边界的"圈内—圈外"交换关系。对于"圈内人"，领导者会给予更多的支持与信任，"圈内人"也会用忠诚、信任与尊重予以回报。这时，"圈内"的下属就与领导者建立起超出雇佣合同的社会性交换关系。他们会经常与领导者开展交流，工作中更善于发挥积极性、主动性和创造性。相反，对于"圈外"的下属，领导仅仅依据组织的规章制度与其维持正式的工作关系，彼此间的情感互动极少。此时员工与领导者建立起仅限于雇佣合同的经济性交换关系。员工工作循规蹈矩，仅仅追求最低程度地完成任务。

"圈内"的交换关系对员工行为具有积极的影响，有助于其挖掘自身潜力，采取高绩效的工作行为。这种影响如果能够扩展到所有员工身上，就能够大大提升组织的绩效。教练性思维就是从"圈内"角度来看待下属，与下属进行更多的沟通互动，给予鼓励和信任，即更多采用心理层面的交换，缩短与下属的心理距离，从而调动下属探索解决问题及发挥潜能的能力。

（二）目标管理理论

目标管理理论（Management By Objective）由美国著名管理学家德鲁克（Peter F. Drucker）首次提出，其核心是将组织的最终目标作为组织实施管理的基础，指导教练性思维的具体行动。德鲁克认为，目标是先于管理工作开展的，而先管理后拟定目标是一种错误的管理方式。由任务指导行动转向目标指导行为，是目标管理理论的精髓所在。企业发展必须设定各类目标，大到决定企业未来生死存亡的战略性目标、策略性目标，小到由员工自行制订的短期工作方案、任务。目标连贯中高层管理者与基层员工，确保员工既能够完成工作任务，实现自我发展，又能够为企业整体战略目标贡献力量，是企业与员工创造最佳业绩的管理方法。成长需要方向，激励需要导向。没有目标这个"指挥棒"，教练行为只是管理技巧的集合。

三、教练性领导思维的研究发现

教练性领导思维是相对新兴的概念，近年来才得到一定重视。虽然有关这一领导思维的讨论较少，得到的结论却较为一致，都认为其能够正向影响员工的行为和绩效。

海外学者率先对教练性思维的效果进行了研究，发现具备这一思维的领导者会对下属授权、支持其工作，作为交换，下属会表现出更好的角色内行为。卡特琳（Katrinli，2014）等通过土耳其保险业案例研究得出结论，认为领导的教练性思维会影响员工的个人幸福感、情感承诺以及工作满意度等。克劳迪奥和安妮（Claudio & Anne，2015）的研究发现，教练型领导可以增强员工的自我效能感，同时提升心理品质。许多研究也证明了教练型领导可以增强员工的组织承诺，降低企业的离职率。

国内研究也验证了上述观点。邵丹（2018）在对医药代表的访谈研究中发现，教练型领导行为可以通过提高员工的情感承诺而降低员工的职业倦怠感和员工离职率。朱永跃等（2020）基于个体层面实证验证了具备教练性思维的领导者对员工创造力的正向影响效果。教练型领导方式还被证明可以通过提高员工的工作安全感、心理所有权等心理状态变量来提高员工的工作绩效。罗文豪等（2020）进一步验证教练型领导能够激发员工对成功的欲望从而增强其自我表现，进而达到职业成功的目标。可以说，理论研究在一定程度上证明了教练性思维在培养和激励人才上的巨大作用。

参考文献

[1] 程贯平，刘海山. 高层管理团队理论模型的发展 [J]. 现代管理科学，2009 (3): 97-99.

[2] 杜敏. 中国共产党战略思维的历史考察与现实启示 [J]. 中国井冈山干部学院学报，2021，14 (6): 114-123.

[3] 段柯. 数字时代领导力的维度特征与提升路径 [J]. 领导科学，2020 (16): 60-62.

[4] 胡国栋，魏伊含. 创新型领导的运行机制及其实现途径 [J]. 当代经济管理，2011，33 (9): 62-67.

[5] 江小涓. 促进数字经济发展稳住经济增长大盘 [J]. 财经界，2022 (8): 5-7.

[6] 巨彦鹏. 数字时代数字领导力矩阵分析与提升路径研究 [J]. 领导科学，2021 (8): 47-50.

[7] 李燕萍，苗力. 企业数字领导力的结构维度及其影响——基于中国情境的扎根理论研究 [J]. 武汉大学学报（哲学社会科学版），2020，73 (6): 125-136.

[8] 罗文豪，孙雨晴，高枫，陈佳颖，熊天任. 教练型领导对员工主观职业成功的影响机制研究 [J]. 管理学报，2020，17 (7): 998-1006.

[9] 马俊，司晓，袁东明，等. 数字化转型与数字变革 [M]. 北

京：中国发展出版社，2020：1-5.

[10] 马前，刘亚丽．创新型领导对员工创新行为的影响机制研究 [J]．山西大同大学学报（社会科学版），2020，34（3）：122-126.

[11] 马正立．创新型领导成长条件与培养之道 [J]．中国领导科学，2017（2）：37-39.

[12] 孟瑶，梁巧转，李树祥，等．战略领导力的核心构成对团队活力的影响——基于积极组织行为学视角 [J]．科学学与科学技术管理，2013，34（2）：119-113.

[13] 齐宁，李兆友．协同治理视野中协同领导力的建构与实现 [J]．领导科学，2021（8）：36-38.

[14] 邱霈恩．领导创新：全球化时代的战略选择 [M]．北京：中共中央党校出版社，2003.

[15] 邵丹．教练式领导行为对医药代表工作倦怠的影响研究 [D]．北京：首都经济贸易大学，2018.

[16] 王雨虹．协同领导力的基本构成与实现途径研究 [D]．大连：辽宁师范大学，2017.

[17] 熊军，章凯．中国民营企业动态环境下的适应性成长路径：一项追踪案例研究 [J]．管理世界，2009（S1）：27-36+130.

[18] 徐建党，余来文．企业动态能力与持续战略能力研究 [J]．改革与战略，2006（S1）：131-132.

[19] 臧超，徐嘉．数字化时代推进政府领导力的三重向度 [J]．领导科学，2020（20）：119-121.

[20] 翟云，蒋敏娟，王伟玲．中国数字化转型的理论阐释与运行

机制［J］. 电子政务，2021（6）：67-84.

　　［21］张钢，李慧慧. 从个体领导力到组织领导力——战略领导力研究的新趋向［J］. 中国地质大学学报（社会科学版），2020，20：119-121.

　　［22］章凯，李朋波，罗文豪，等. 组织—员工目标融合的策略——基于海尔自主经营体管理的案例研究［J］. 管理世界，2014（4）：124-145.

　　［23］赵锴，杨百寅，李全. 战略领导力，双元性学习与组织创新：一个理论模型的探析［J］. 科学学与科学技术管理，2016，37（3）：168-180.

　　［24］周乐欣，李烨，许为宾. 由"文化思想"到"工具分析"：一个本土企业家战略思维理论框架［J］. 暨南学报（哲学社会科学版），2022，44（2）：56-72.

　　［25］朱丽. 浅析战略领导力对决策机制的影响［J］. 改革与开放，2019（19）：120-130.

　　［26］朱永跃，欧阳晨慧，过旻钰. 教练型领导对员工创造力的影响：来自制造企业的实证分析［J］. 科技进步与对策，2020，37（16）：144-150.

　　［27］中国科学院领导力课题组，张彩玉，霍国庆，苗建明. 和谐社会的领导协同力研究［J］. 领导科学，2008（9）：10-12.

　　［28］尤瓦尔·赫拉利. 人类简史：从动物到上帝［M］. 北京：中信出版社，2017.

　　［29］杜敏. 中国共产党战略思维的历史考察与现实启示［J］. 中国

井冈山干部学院学报, 2021, 14 (6): 114-123.

[30] 张宏志. 战略视角中的中共百年奋斗历程——中国共产党战略思维中的天时、地利、人和 [J]. 中共党史研究, 2021 (2): 40-46.

[31] 何建华. 新时代中国共产党人坚持战略思维的新特点 [J]. 中国领导科学, 2022 (3): 22-28.

[32] Avolio B J, Kahai S S. Adding the "E" to E-Leadership: How it may impact your leadership [J]. Organizational Dynamics, 2003, 31 (4): 325-338.

[33] Burgelman R, Floyd S, Laamanen T, et al. Strategy processes and practices: Dialogues and intersections [J]. Strategic Management Journal, 2018, 39 (3): 531-558.

[34] Basadur M. Leading others to think innovatively together: Creative leadership [J]. The Leadership Quarterly, 2004, 15 (1): 103-121.

[35] Carmeli A, Gelbard R, Gefen D. The importance of innovation leadership in cultivating strategic fit and enhancing firm performance [J]. The Leadership Quarterly, 2010, 21 (3): 339-349.

[36] Deci E L, Ryan R M. Intrinsic motivation and self-determination in human behavior [M]. Des Moines: Springer Science & Business Media, 2013.

[37] DongBack. Digital business convergence and emerging contested fields: A conceptual framework [J]. Journal of the Association for Information Systems, 2017, 18 (10): 687-702.

[38] Eom M, Kahai S, Huang R. Is leadership and strategy

realization［C］. Americas Conference on Information Systems/Association For Information/Systems, 2017.

［39］Garrett B. Developing strategic thought: rediscovering the art of direction-giving［J］. Long Range Planning, 1997, 30（1）: 141.

［40］J. Passmore, The Wiley Blackwell Handbook of the Psychology of the Internet at Work［M］. John Wiley & Sons, 2017.

［41］Kalkavan S, Katrinli A. The effects of managerial coaching behaviors on the employees' perception of job satisfaction, organisational commitment, and job performance: Case study on insurance industry in Turkey［J］. Procedia-Social and Behavioral Sciences, 2014（150）: 1137-1147.

［42］Kim S, Kuo M H. Examining the relationships among coaching, trustworthiness, and role behaviors: A social exchange perspective［J］. The Journal of Applied Behavioral Science, 2015, 51（2）: 152-176.

［43］Koliada Svitlana. Vision is the basis of strategic leadership［J］. Modern Economics, 2020, 19（1）: 76-82.

［44］Lawrence R L. Understanding collaborative leadership in theory and practice［J］. New Directions for Adult and Continuing Education, 2017（156）: 89-96.

［45］Lee K C. Digital creativity: individuals, groups, and organizations［M］. Berlin: Springer Publishing Company, Incorporated, 2013.

［46］Makri M, Scandura T A. Exploring the effects of creative CEO leadership on innovation in high-technology firms［J］. The Leadership Quarterly, 2010, 21（1）: 75-88.

[47] Pousa C, Mathieu A. Is managerial coaching a source of competitive advantage? Promoting employee self-regulation through coaching [J]. Coaching: An International Journal of Theory, Research and Practice, 2015, 8 (1): 20-35.

[48] Sternberg, Robert J. Implicit theories of intelligence, creativity, and wisdom [J]. Journal of Personality & Social Psychology, 1985, 49 (3): 607-627.

[49] Stubbart C I. Managerial cognition: A missing link in strategic management research [J] . Journal of Management Studies, 2010, 26 (4): 325-347.

[50] Zaccaro S J, Bader P. E-leadership and the challenges of leading e-teams: minimizing the bad and maximizing the good [J] . Organizational Dynamics, 2003, 31 (4): 377-387.

[51] Burgelman R, Floyd S, Laamanen T, et al. Strategy processes and practices: Dialogues and intersections [J]. Strategic Management Journal, 2018, 39 (3): 531-558.

第二章

5T 火箭领导力思维模型

因时而变——加拿大高级公务员领导力模型的更新[①]

1996 年 11 月，加拿大枢密院秘书处部长布尔贡发表演说，提到加拿大公务员体系需要一种能力模型，以应对未来的新环境和挑战。据此，公务员委员会（PSC）受命进行模型设计，通过文献研究和实际访谈，并参考国内外企事业单位（帝国商业银行、永明金融集团等）的优秀实践，设计出了针对公务员系统中的主任、司处长、助力副部长和副部长级的领导者的一整套核心能力模型，其中就包括管理能力模型。

最初的管理能力模型是整体能力模型的一部分，主要包括四个核心

[①]　资料来源：《加拿大联邦政府高阶文官培训制度之研究--核心能力观点的检视》（莫永荣）（https：//www. canada. ca/en/treasury-board-secretariat/services/professional-development/key-leadership-competency-profile. html）

能力,即行为管理、组织意识、团队配合和伙伴协作。在这一时期,加拿大政府并没有认识到领导力的独特性,对领导者的期望主要集中在控制和合作,希望管理者能够规范下属的行为,分配好团队工作,并推动团队成员的协作。初版能力模型提出后,成为高阶公务员任命前的评价标准,以及培训的依据。加拿大政府需要引进企业或非营利组织的领导者担任联邦政府的官员时,就会参考这一模型。

随着加拿大国内、国际形势的变化,公务员在工作中面临的问题和挑战也越来越复杂,公务员群体的特征也发生了显著变化。此时,强调控制的领导已经不再是合格的管理者。同时,经过 10 余年的发展,领导力理论的有关研究愈加全面、丰富,人们对于优秀领导者所具备的能力的认识更加深刻,多样化的领导力模型层出不穷。因此,加拿大公务员委员会更新了能力模型,提出了以价值与伦理观、战略思维、参与和卓越管理为内容的核心领导力模型(Key Leadership Competencies Profile)。

2015 年 3 月,加拿大政府提出,有效的政府需要敬业和高绩效的公共服务领导者:"他们激励他人为加拿大和加拿大人尽最大努力;表现出对公共利益的坚定而持久的承诺;培养富有成效的关系,建立有凝聚力的团队,并为他人的成功创造组织条件;他们重视多样性,促进公共服务的双语服务,并维护公共部门的价值观和道德规范。"据此,核心领导力模型得到了进一步的更新(见图 2-1)。从顶端开始,按顺时针方向移动,分别是制定愿景和战略、动员人员、坚持诚信和尊重、与合作伙伴和利益相关者合作、取得成果、促进创新和引导变革。

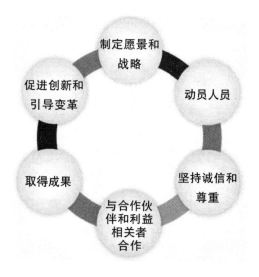

图 2-1　加拿大公务员核心领导力模型

第一节　5T 火箭领导力思维模型的缘起

从加拿大公务员核心领导力模型的案例中我们可以发现，领导力模型要随着时代的发展不断演变，对暴露出的缺陷进行修补，从而变得愈加全面。基于对以往领导力模型的思考，我们发现先前的领导力模型对领导力素质中最核心的思维方式关注不够，而这恰恰是领导行为的主要动因，深入研究领导力素质模型必须关注领导者的思维模式。按照这一逻辑，本书特别在领导力模型中加入"思维"二字，着重强调"思维"在领导力模型中的重要作用。此外，领导力模型的内容构成并不是无源之水、无本之木，根据第一章梳理的中国企业及企业家面临的国际、国内形势变化，及理论界对领导力研究的深入，本书创造性地提出一个较为综合的领导力思维模型——5T 火箭领导力思维模型，旨在从思维的角度为领导力的发展提供思路。

一、现实问题与理论发展的双重影响

一个组织能否在当今多变的环境中取得成功，在很大程度上取决于领导者的思维与能力。有效的领导是组织成功的关键。领导者不仅要负责思考组织的战略，还要组织、协调员工完成这些工作。可以说，领导者的思维与能力直接决定组织的发展前途。那么，如何对领导者进行有效评价，或者说如何确定优秀领导者应该具备的思维与能力，成为组织和领导最为关注的问题。

不少卓越的组织及领导者开发了适合自身发展的领导力模型，比如通用电气公司的传奇 CEO 杰克·韦尔奇认为，领导者应该具备的关键素质可以用"4E+P"来概括，即 Energy（活力）、Energize（激励力）、Edge（决断力）、Execute（执行力）和 Passion（激情），由此形成了"GE 领导力模型"；宝洁领导力模型可以概括为 5 个 E，分别是 Envision（高瞻远瞩）、Engage（全情投入）、Energize（鼓舞士气）、Enable（授人以渔）、Execute（卓越执行）；美国著名学者库泽斯（James Kouzes）和波斯纳（Barry Posner）在所著的《领导力》一书中，提炼出的领导力模型包括 5 种领导行为，即挑战现状、描绘共同愿景、让其他人行动起来、以身作则、激励人心，同时，每种行为下还有相应的两种使命。

在当时，这些领导力模型的出现很大程度上解决了组织对领导者的评价问题，确定了优秀领导者的标准，为未来领导者的培养提供了方向。然而，组织对于领导力的需求并不是一成不变的，而是需要持续了解外部环境，有效识别组织战略、文化价值观、企业对管理者的要求等内涵，并不断进行调整。如果是设计广泛用于所有组织的通用领导力模型，则要格外重视外部环境的变化以及大部分组织管理者所面临的通用问题。

当前，中国特色社会主义进入新时代，意味着近代以来久经磨难的中华民族迎来了从站起来、富起来到强起来的伟大飞跃，我国的各类组织也从弱小逐渐走向强大，生存不再是主要的担忧，做大做强才是组织面临的关键问题。当然，伴随着我国的跨越式发展，组织面临的内外部环境更为复杂，不确定性增加，领导者遇到的挑战也是前所未有的，这就对领导力模型提出了新的要求，特别是结构和内容的更新成为重中之重。第一章阐述了新时代下的挑战，这为建立新的领导力思维模型提供了重要依据。

首先，各级组织的发展都离不开对战略的思考。这就要求我们的组织领导者必须具备战略眼光，从而摸清发展规律、认清主要矛盾、发现潜在风险、做出前瞻决策，最终实现组织的持续发展。因此，领导者的战略思维对于组织的长期发展至关重要。

其次，数字科技正在重塑世界经济版图，成为中国经济增长的新动能，这对领导者提出了新要求。正如马克思在《资本论》中所讲的："各种经济时代的区别，不在于生产什么，而在于怎样生产，用什么劳动资料生产。"如果说"手推磨产生的是以封建主为首的社会，蒸汽产生的是以工业资本家为首的社会"，那么，数字技术产生的必然是以数字企业家为首的社会。并非所有领导者都能成为数字企业家，但拥有与数字时代相匹配的思维模式，用数字性思维指导组织的运转，成为数字经济时代下领导者的必修课。

再次，发展方式的转变也是组织面临的重大挑战。党的十九大明确提出，我国经济已由高速增长阶段转向高质量发展阶段，企业高速扩张的时代已经成为过去，创新成为主要的发展动力。然而，当前组织的创新意识还很薄弱，创新能力较西方发达国家尚有差距。不论是文化和理论等无形的创新，还是产品、服务等有形的创新，都是组织亟须提升的内容。作为组织创新的引领者，领导者培养创造性思维刻不容缓。

又次，协同是组织高效率运转的需要。在组织管理的实践活动中，提升组织效率是最为核心的命题。在工业经济时代，"分工""分权"是提升效率的利器，但在数字经济时代，组织的部门界限不再像之前那样清晰可辨，资源整合和职能互补越来越重要。同时组织内强个体的出现以及通才的减少，无不要求领导者的管理思维要从分工转向协同。可以说，当前，协同性思维是让组织整体效率最大化的有效方式。

最后，无论是创新驱动还是数字驱动，组织的发展都离不开人才，人才是具体实施组织和领导者的各项方针政策的主体。可惜的是，对于很多组织来说，高速扩张发展所带来的资本第一思维还未彻底转变，人才的重要性也未得到正确理解。虽然有些领导者逐渐了解到人才是第一资源，但已经在人才争夺中处于劣势。因此，领导者如何进行人才的开发与管理成为领导力模型中的新要求。

教练性思维是一种对人才任用、培养和激励的有效手段，具备教练性思维的领导者往往可以更好地因地制宜，激发人才活力。因此，教练性思维成为新的领导力模型中必不可少的组成部分。

二、对领导力素质模型的思考

（一）对领导力素质模型内容的思考

提到领导力模型，大家第一时间想到的都是领导力素质模型。素质是什么？哈佛大学教授、管理学素质研究的开创者麦克利兰（D. C. McClelland）提出："素质是一个人的基本特性，它与高效率和高效的工作业绩有密切联系，并且可以被测量。""基本特性"说明素质是个体一种相当深刻和持久的个性，它可以预测各种工作中的行为；"有密切联系"则是指一种素质会引起相应的行为，也可以据此预测工作表现；"可测量"意味着依据素质可以预知一个人能否胜任某项工作，它可以用一些特定的标准来衡量。

素质的构成并不是单一的，而是多方面、层层包裹的。一般认为，素质由表及里可以分为三个层级，形成一个素质的洋葱模型（见图2-2）。洋葱的最外层是知识与技能。知识是我们在某一特定领域所拥有的事实型与经验型信息；技能是我们结构化地运用知识完成某项具体工作的能力。中间层包括自我形象、社会角色、价值观和态度。自我形象是指我们对自身的看法与评价，社会角色是我们对所属社会群体或组织接受并认为是恰当的行为准则的认识，价值观是我们认定事物、判定是非的一种思维或取向，态度是我们的自我形象、价值观以及社会角色综合作用外化的结果。最内层是个性与动机，是我们对外部环境及各种信息等的反应方式、倾向与特性。在这三个层次中，越靠近洋葱的内里，特征越内隐，越靠近洋葱的外圈则越外显。同时，越内隐的要素越难改变，是先天形成的，后天难以重塑；越外层则越容易发展。

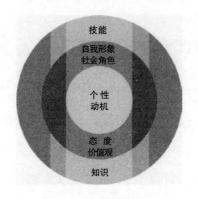

图 2-2　素质的洋葱模型

正是由于素质的以上特性，越来越多的组织发现其非常适合用于评价个人的能力情况，并从不同的层面出发选择具体内容，将其组合，形成素质模型。最初，素质模型被广泛应用于岗位任职资格的描述，用于确定岗位需要什么样的员工。在长期的实践中，人们发现素质模型不仅可以应用在具体的岗位上，也可以用来评价相对抽象的群体，胜任素质与领导力的结合也就开始了。

毫无疑问，用素质模型来评价领导力具有较强的优越性。首先，素质模型的构建是一个科学的过程，通常需要经历一个严格的程序，需要组织专家通过观察、行为事件访谈法、座谈会等方式收集表现卓越的领导人的知识、技能、具体行为和个性特点等资料，然后对这些资料进行有效的归纳和整理。其次，素质模型可以帮助组织明确对领导者角色有重要影响的清晰的期望值，包括行为模式、能力、道德标准以及价值观等。对那些热衷于领导者角色的人而言，素质模型为一个切实可行的发展计划奠定了基础。最后，领导力素质模型为组织的管理者建立了一个量身定制的模型，为组织的领导力发展计划的执行提供了基本的沟通框架与语言。组织中的任何人都能够了解领导者必须具备的技能与行为模式。

然而，从目前大多数组织设计和应用的领导力素质模型来看，它们并没有发挥出素质模型的真正优势，反而暴露出了许多弱点。究其原因，主要是因为它们大多关注知识与技能层面的素质，而忽略了相对内隐的部分。这引起的最直接问题就是模型在内容上复杂化，在层级上简单化，不能反映出领导者所需要的真正特质。例如，一些领导力素质模型的构建以洞察力、决断力、鼓舞能力、执行力等素质为主要内容，模型看起来很丰富，囊括了领导者在工作中所需要的所有能力，但实际上这些能力素质都停留在最外层，无论维度多么丰富，都无法反映出领导者最为核心的、持久的素质特征，因此当组织和外部环境的要求变化时，模型也需要做出相应改变。此外，围绕知识与技能层面构建出的领导力素质模型，大多是对领导者当前行为直接观察后得出的。这些表层的行为促进了当下的成功，却不一定适合未来的情况。随着组织的发展，对管理者的行为要求也会发生变化，这种模型也就不再适用。

为了克服这些缺陷，构建更加稳固、能够反映领导者核心要求的素质模型，我们需要再次回到洋葱模型中来，挖掘其更内隐的层次，即自我形象、态度、价值观、个人动机在领导力素质模型中的应用。领导力是领导者的个体能力、思维方式、实践经验以及领导方法等的集合。通过归纳深层次素质的特点，我们可以发现深层次素质或多或少都指向个体的思维能力，通过思维方式表现出来：我们对自身的看法（自我形象）和对组织准则的认识（社会角色）是思维方式的一部分；价值观是我们认定事物的一种思维方式；态度是思维方式外化的结果；外部信息也会通过思维方式影响动机，并经由思维促进行为。

思维是人脑的机能，是人所独有的意识活动，是认识的高级阶段。当围绕知识与技能构建出的领导力素质模型不适应组织发展，不能满足对领导者能力的评价时，思维方式（思维能力）成为一个很好的切入点。以思维方式来建立领导素质模型能够避免上述缺陷，构建出相对持久，能反映领导者深层次特征的领导力模型。

事实上，领导力思维模型已经得到了一定的探索和应用。华润集团的 CRC 领导力素质模型将战略性思维放在其中，认为领导者应该能够"面对各种情景，基于数据信息，系统性地形成对业务的认识和判断，并最终做出有创意的战略性决策"。同时，CRC 领导力素质模型还将战略性思维分为四个层级，从低到高分别为：指出联系，分清主次；深刻分析，发现规律；全局思考，把握本质；洞察趋势，突破思维。

美国航空航天局（NASA）天体物理部门主任查理·佩勒林（Charles J. Pellerin）博士提出了 4D 领导力分析系统，以人们对信息的收集思维（根据直觉还是感觉）和利用信息进行决策的思维（根据情感还是逻辑）为依据，将领导者的特征分为培养、展望、包容、指导 4 个核心维度（见图 2-3）。根据这一坐标系，领导者能够发现自身的管理思维特征，塑造团队的思维文化、自我发展等其他维度的思维方式，并将其运用在特定的管理情境中。4D 领导力模型相对于以往的领导力素质模型，抓住了领导者最底层的思维方式，明确阐述了成为优秀领导者的要求。

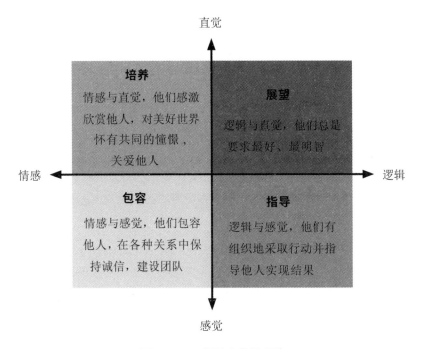

图 2-3 4D 领导力分析系统

1. 战略思维

战略思维是指思维主体对关系事物全局的、长远的、根本性的重大问题的谋划的思维过程，要求领导干部防范化解重大风险时，要学会用战略的眼光来看待重大风险的防控和化解。

2. 历史思维

历史思维是运用历史唯物主义的观点，通过对历史过程的科学梳理、对历史问题的深入分析、对历史人物的认真研究，充分总结历史发展规律，汲取推动历史发展的智慧和方法，从中获得启发，为我所用，不断提高重大风险的防控和化解能力。

3. 辩证思维

辩证思维是反映和符合客观事物辩证发展过程及其规律性的思维。

其特点是从事物内在矛盾的运动变化中，从其各方面的相互联系中进行考察，以便从整体上、本质上完整地认识对象，科学辩证地研判重大风险的产生和演变，确保重大风险应急防控处置措施可执行且及时有效。

4. 创新思维

创新思维是以新颖独创的方法解决问题的思维过程，通过这种思维突破常规思维的界限，以超常规甚至反常规的方法、视角去思考问题，提出与众不同的解决方案，从而产生新颖的、独到的、有社会意义的思维成果。

5. 法治思维

法治思维就是将法治的各种规定转换、运用于认识、分析、处理实际问题的思维方式，是一种基于法律规范的逻辑化的思维方式。因此，法治思维需以法治概念为前提。从本质上讲，法治思维就是一种内化于心的强烈的规则意识、规则行为、规则冲动、规则捍卫、规则评价。

6. 底线思维

底线思维要求领导干部既要具有科学划定和把控重大风险的底线，又要在处置风险问题时坚守住法纪底线，严守党的纪律和国家法律的规定，自觉在思想上政治上行动上同党中央保持高度一致，自觉维护党的团结统一，严守党的政治纪律和政治规矩，始终保持同人民的血肉联系。

（二）对领导力素质模型结构的思考

当我们理解思维在领导力素质模型中的重要性后，就应该思考构成领导力思维模型的组织部分，以及各部分之间的关系。过去的领导力素质模型缺少对内部结构关系的思考，倾向于将不同的素质放置在同一等级中。这就会使领导者产生困惑，到底哪种素质是最为重要的？各项素质之间的关系又是什么？是应该关注发展还是关注特定时期内的一些行为？领导者的迷茫会导致注意力的分散，甚至忽视组织的重要战略安排。特别是一些素质能力之间本身可能是互相矛盾的。例如，某种素质模型要求领导者既要有强力地把握运作方向的能力，同时也能够自发地挑战现状，然而，这很难平等地共存。

由此可见，领导力素质模型结构设计得合理与否，在很大程度上影响了它所产生的效果。一些国际领先企业在构建领导力模型时，不再仅仅用文字进行解释和说明，而是将其嵌入图案，用图案表现出模型各素质要素之间的内在关系。其中，最具有代表性的模型就是 IBM 的"三环模型"。

不同于一般的企业，IBM 在设计领导力素质模型时，特别强调了不同素质之间的重要关系，并用一个圆环表现出来（见图 2-4）。其中，环心是"对事业的热情"，IBM 认为，杰出领导者需要因开创事业、赢得市场以及 IBM 的技术和业务而向世界提供热情服务，这是对领导者最为基本，也是最为重要的要求。处在一环的是"致力于成功"，它包括对客户的洞察力、突破性思维、渴望成功的动力。二环是"动员执行"，指领导者动员团队，带领团队达到目标的能力。最外层的圆环是"持续动力"，用来判断领导者能否为组织带来持续的动力，不断发展组织，开发优秀人才，提供个人贡献。

采用"三环"的形式来展示素质模型，突出不同素质之间的递进关系，管理者能够直观地感受到哪类素质是首要的，如果进行自我提

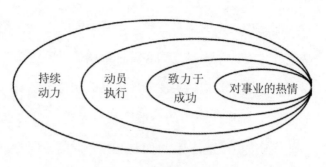

图 2-4 IBM 的三环模型

升，哪一部分是最重要的，哪一部分又是相对容易的。由此不难看出，合理的结构布局对素质模型的构建具有重要意义。当我们以思维能力为基础，构建领导力素质模型时，使用适当的结构展现不同思维能力之间的关系，能够最大程度发挥模型的作用。

第二节　5T 火箭领导力思维模型的构成

在当今时代，什么样的领导力思维才是组织领导者真正需要的，这种领导力思维的具体内涵又包括哪些？基于对先前内容的回顾和以往领导力模型的思考，本书提出了以战略性思维、数字性思维、创新性思维、协同性思维和教练性思维为内涵的 5T（Think）火箭领导力思维模型（见图 2-5），旨在为领导者自我评价与提升领导力水平提供参考。

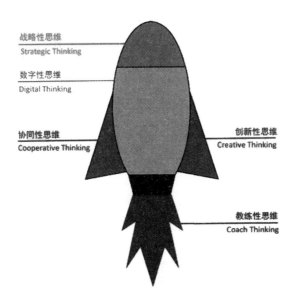

战略性思维
Strategic Thinking

数字性思维
Digital Thinking

协同性思维
Cooperative Thinking

创新性思维
Creative Thinking

教练性思维
Coach Thinking

图 2-5　5T 火箭领导力思维模型

一、战略性思维

中国共产党历来高度重视战略思维。毛泽东同志强调，作为领导干部一定要有"战略头脑"，即战略性思维。邓小平同志曾告诫："考虑任何问题都要着眼于长远，着眼于大局。许多小局必须服从大局。"党的十八大以来，习近平总书记在不同场合反复强调要树立战略性思维。他指出，战略性思维"永远是中国共产党人应该树立的思维方式"。"全党要提高战略性思维能力，不断增强工作的原则性、系统性、预见性、创造性""增强理论自信和战略定力"。

当今，没有哪个领域和组织不涉及战略问题。对于企业而言，战略体现了一个企业的使命、愿景和目标，使企业能够更好地集中力量有序经营，避免短视行为。战略性思维对党政机关领导干部的重要性，同样适用于企业的领导者。万古基业，源自雄才伟略，只有当领导者在面对错综复杂的局势时，善于把握事物变化的总体趋势，准确判断事物的发展方向，高瞻远瞩、谋划全局，组织才有可能持续壮大，做到"乱云飞渡仍从容"。

在 5T 火箭领导力思维模型中，战略性思维就像火箭的头部一样起着制导的作用，保证火箭在科学的路线上、正确的方向上前行。没有战略，就谈不上战术与执行，没有战略性思维，就谈不上其他思维的运用。将战略性思维放在首位，是 5T 火箭领导力思维模型的重中之重，它牵引了其他四种思维的方向。第三章主要说明领导者战略性思维的概念、特征和内涵，以及在管理过程中的应用与特点。

二、数字性思维

经济发展模式的转变离不开科学技术的创新变革，而对新技术的应用则需要个体转变思维方式，明确新技术的内涵、重要性以及使用方式。随着数字科技的突飞猛进，组织的经营模式受到了巨大的冲击，人工智能、区块链、云计算、大数据等新一代数字化技术开始影响组织的战略、架构、运营、管理、生产、营销等各个层面，加剧了企业之间在价值供给上的竞争。在这种情况下，谁能够更快地将数字化技术融入组织的运营中，实现数字化转型，谁就能在竞争中胜出。

组织的数字化转型并不是靠技术自动迭代完成的，而是需要领导者的深度参与，认可数字化技术的作用，并愿意将其应用在组织活动中。当前，很多领导者的思维还停留在传统的工业模式，习惯"等命令""拍脑袋"，没有跟上数字化组织的要求，即以数字化技术提供的结果为组织活动的基础。习近平总书记指出，善于获取数据、分析数据、运用数据，是领导干部做好工作的基本功。这强调了数字化思维的重要性，也揭示了数字化思维的核心概念。

数字化思维侧重于支持层面，而不是业务层面，体现的是领导者从事管理活动时的底层逻辑，是指导活动的"千里眼"和"顺风耳"，就像火箭的躯干，搭载着各种精密的仪器，链接着其他的构件，为总体功能的实现提供技术支持。第四章将从组织数字化转型的角度出发，阐述领导数字性思维的概念，描述这一思维在管理活动中的具体体现。

三、创新性思维

创新是一个民族进步的灵魂，是一个国家兴旺发达的不竭动力。当前我国经济从高速增长迈向高质量发展，市场供求格局发生巨大变化，逐步由短缺经济走向过剩经济，增量市场迅速消失，企业无法像过去那样，依靠无序扩张实现自身的发展。面对异常激烈的存量市场争夺，众多企业不得不从竞争对手那里虎口夺食。在市场普遍饱和的情况下，如何摆脱困境？企业要么开辟新的市场，要么在现有市场上抢夺更大份额。无论哪种方法，都要求企业具备创新能力，领导者具有创新思维。

组织创新并不只是指领导者的创新，还包括领导者创造条件、创造环境以便于被领导者更好地创新。同样，人的思维创新是一切创新活动的先导，领导的创新性思维不只是领导者单方面的创新思维，而是领导者与团队成员互动的、共赢的创新思维。领导者具有单独创新的思维固然有用，但毕竟效果有限。只有通过制度创新、观念创新、方式方法的创新以及环境创新，让所有的成员转变思维，才能实现真正意义上的领导创新。

作为一种直接作用于员工的思维方式,创新性思维就像火箭的尾翼一样,辅助火箭前行,助力战略性思维的实现。第五章从两方面阐述创新性思维,一方面,提供了有效的思维训练方式,提升领导者自身的创新思维;另一方面,说明领导者如何通过建立制度、氛围等方式,使员工具备创新性思维。

四、协同性思维

火箭的尾翼往往不止一个,在领导力火箭模型中,另一个尾翼就是领导的协同性思维。领导者独自开展工作固然能够节省沟通成本,使事情完全符合自己的想法,但个人的智慧毕竟有限,单打独斗的后果往往是半途夭折。当今社会分工细致,携手合作成为发展主要形式的时代,没有协同意识,各自为政是难以成事的。只有领导者具备协同性思维,与员工之间产生双向互动,并协调组织内部员工之间的横向影响,形成团队,甚至组织内部的"一盘棋",才能实现长远的成功。

人是十分复杂的社会性动物,每个人都有自己的思想和行为准则,因此,将人们组织起来进行协同工作注定不是一帆风顺的。组织由于规模、性质、发展阶段等不同,遇到的具体协作问题也有差异。克服这些问题,鼓励并带领团队实现协同工作,是协同性思维的核心。第六章以组织协同的障碍为切入点,说明管理者在带领团队进行任务时,可能会出现的各种问题,并根据这些情况,提出解决方案,从实际情景出发提升领导者的协同性思维。

五、教练性思维

当今世界的竞争说到底是人才的竞争。经过多年的培养和积累，我国已经拥有一支规模宏大、素质优良、结构不断优化、作用日益突出的人才队伍，如何用好这些人才的能力，激发他们的工作积极性成为领导者面临的首要问题。另外，人人皆可成才，人人都有成为人才的潜力，追逐人才时不能忘记对人才的培养，领导者的另一项任务就是发现并激发每个员工的潜力，助力他们在未来成为人才。

在用好人才和培养人才的要求下，教练性思维成为领导者的必修课。领导者不再只是单纯的管理者，而是一个扮演了顾问、协调者、建议者、挑战者、帮助者这五种角色的教练。具备教练性思维的领导能够让下属看到问题，思考问题，找到新目标并努力，从而激发其主观能动性，发挥自己的深层能力。在所有的思维方式中，教练性思维与员工交互最为密切，是一种直接面对、作用于员工的思维方式。因此在实践过程中，教练性思维有一套具体的手段。

实现战略靠人才，运用数字技术靠人才，创新落地靠人才，协同工作更要靠人才，教练性思维就像火箭的"推动器"一样，为其他思维的实现提供动力。第七章将详细介绍教练性思维的特点，自我训练教练性思维的方法，以及倾听—询问—反馈三部曲激发下属潜力的具体手段。

5T 火箭领导力思维模型如图 2-6 所示。

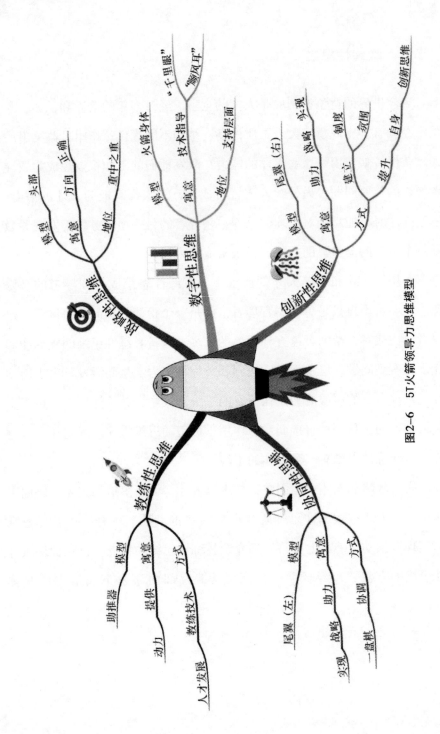

图2-6　5T火箭领导力思维模型

参考文献

[1] 毕瑛涛. 关于习近平"六种思维"科学内涵的思考 [J]. 中共四川省委党校学报, 2020 (1)：33-41.

[2] 查理·佩勒林. 4D 卓越团队：美国宇航局的管理法则 [M]. 北京：中华工商联合出版社有限责任公司, 2014.

[3] 但根友. 胜任素质模型为何"建而不用" [J]. 企业管理, 2013 (6)：48-50.

[4] 杰伊·康格, 道格拉斯·莱德. 领导力素质模型的反思 [J]. 钟孟光编译. 管理人, 2007 (1)：12-14.

[5] 荆博. 战略思维——企业管理者领导力的重要支撑 [J]. 中外企业家, 2014 (31)：64.

[6] 刘峰. 领导创新思维浅论 [J]. 理论探讨, 2006 (2)：100-102.

第三章

战略性思维

导入案例

战略思维助力合肥市政府招商引资，实现"换道超车"①

近几年，一个中部城市的讨论热度迅速上升，被称为"最大黑马城市"，它就是合肥。作为 1952 年才确定的省会城市，合肥底子薄、基础差，一直受到名不副实的困扰。在省内，合肥常被拿来与曾经的省会安庆、与江苏地理位置更近的芜湖等城市比较；在省外，苏南城市早已实现工业化。其他中部省会城市如武汉，GDP 早在 2001 年就已超过千亿元，而合肥 2006 年底才历史性突破千亿元。2005 年武汉中心城区中心人口就超 500 万，是当时合肥的两倍还多。

合肥，一直在想尽办法快速突围。2006 年，政府领导班子经过多

---

① 资料来源：《掏空家底，投啥赢啥？硬核风投之王：合肥》（https：//baijiahao. baidu. com/s？ id＝1691739508018806966&wfr＝spider&for＝pc）；《观察 | 解码 "最强风投城市"：为何偏偏是合肥》（https：//baijiahao. baidu. com/s？ id＝1681968119430631990&wfr＝spider&for＝pc）

059

番论证后认为，合肥过去偏重将拥有中国科技大学等科教资源当作比较优势，工业投资无论是总量还是占全社会固定资产投资比重都低于中部地区五省会城市。缺少工业基础和产业支撑的科教资源，并不会自动转化为地区优势，只有发展工业，才可能实现"跨越式发展"。因此，"工业立市"成为合肥市的发展战略。

为了实现战略目标，合肥市确定了几个方向：一是拉开城市框架、解决发展容量问题，清减烦琐的行政审批程序。拆除违建，建设基础设施，向南扩张，规划190平方千米滨湖新区，2011年区划调整后800里巢湖成为合肥内湖，加上划归的两区县，合肥面积增至11408平方千米。二是招商引资，加大工业投资。抓住当时沿海产业的转移时机和合肥承东启西的地理优势——东部沿海地区产业转移至东部以及国家确定的中部崛起战略，聚焦供应链上的咽喉点，引进重大项目，帮助合肥完成工业积累，形成"合肥制造"的产业集聚和规模优势。

招商引资对于当时的合肥十分困难。为了吸引优质企业，合肥市政府做出了巨大的努力。2008年，合肥市政府计划引入京东方，为其准备好了全套建厂用地、规划方案、人才供给等。市委书记亲自挂帅，市长亲自操盘推进项目。同时合肥拿出了真金白银为京东方合肥六代线项目托底，整个项目需要总投资175亿元，而其中120亿元都由合肥政府来承担。2008年合肥财政收入只有300亿元，为此，合肥甚至停掉了地铁项目。事实证明，合肥市对于机遇的判断是准确的，而京东方也是一家不负所望的优秀公司。京东方六代线落地之后，项目大获成功，结束了我国大尺寸液晶面板全部依赖进口的历史。

京东方的成功吸引了基板玻璃、偏光片、模组等企业入驻，形成了从沙子到整机的新型显示面板全产业链。看到这一趋势的合肥市政府，开始调整招商引资的战略思路，致力于全产业链招商模式下的产业配套投资，注重投资符合产业发展方向、符合国家政策导向的企业。根据这一战略，合肥锚定了一系列产业，整体可以概括为两个词语"芯屏汽合""集终生智"。"芯屏汽合"指的是芯片、新型显示、智能电动汽车、人工智能和制造业融合，"集终生智"指的是集成电路、高端装备制造的终端产品、生物医药、人工智能。2017 年，合肥与兆易创新成立合资公司合肥长鑫，专攻 DRAM 内存芯片的研发生产。合肥市出资75%，兆易创新出资 25%。2020 年 2 月 25 日，蔚来中国与合肥市签署合作框架协议。根据协议，蔚来中国总部项目将正式落户合肥，而合肥将向蔚来中国投资 70 亿元战略投资。蔚来中国也宣布，将会以合肥为中心规划发展蔚来业务，建立研发与生产基地，深化与江淮汽车等本地产业链企业的合作。

凭借着高瞻远瞩的战略思维，合肥市集聚了蔚来中国、江淮、安凯、江淮大众等一批龙头企业，汇集了科大讯飞、中国电子、协鑫集成、国盾量子等高新技术产业项目。合肥市也成为新一线城市，全国排名从 97 位攀升至 20 位。截至 2020 年，合肥超亿元规模的企业突破了100 家，上市公司 59 家，市值累计 7346.43 亿元，其中还有 16 家上市公司市值超 100 亿元。

第一节　战略性思维概述

战略性思维处于 5T 领导力思维模型中的火箭头位置，因为战略对组织的整体发展起着制导作用，以此保证组织发展朝着正确的方向前行。如果战略出现问题，那么不管组织的其他配置再高级，对组织的长期发展也无济于事。那么，什么是战略性思维？领导者的战略性思维包括哪些内容？又是什么制约了领导者的战略性思维？

一、了解战略性思维

（一）战略性思维的起源

战略性思维随着战略问题的出现而出现。战略问题从最早的战争领域逐步拓展到政治、经济、文化等多元领域，战略性思维的内涵也从军事谋划拓展到对整体性、长远性问题的思考，在随着战略问题的拓展而演变的过程中，战略性思维逐渐形成了相对稳定、成熟、科学的特征、程序、原则。

目前，战略性思维主要包含两个层面。其一，是诸如对经济发展、军事格局、文化建设等对关系事物全局性、长远性、根本性的战略谋划；其二，是主要表现在哲学、认知科学、心理学等领域的思维科学。思维科学的发展，为战略性思维的理论基础充实了新内容，为战略性思维的科学实践提供了新方法。

（二）战略性思维的理解

战略性思维的悠久历史与丰富研究，导致了战略性思维在研究与应用时存在不同的侧重。例如，有以思维主体的思维过程和思维方法为主要研究方向，即研究在什么条件下、用哪种思维科学方法可以产生较优的战略决策与方案；还有以战略性思维的程序，即战略思想、战略目标、战略任务、战略方针、战略决策和战略方案为主要研究内容；另有以战略的实施和实践为主要研究内容，认为战略性思维贯穿于主体的思维过程、战略决策和战略实践及反馈的全过程中。

总的来看，目前对于战略性思维的理解主要有以下几种。第一种理解，战略性思维是军事战略思维。军事战略思维的本质是研究军事部署的客观过程，从指导军事战略的角度，挖掘其战略的目的性、因果性和规律性，是领导者在应对战争问题时进行思考、否定、决策、反馈、实施的全过程。军事战略思维直接、简单地理解了战略思维的初始含义，但仅从军事思维角度理解战略性思维，忽略了战略性思维的包容性与复杂性。

第二种理解，战略性思维是指在战略高度应对已存或潜在问题的思维形式。这种思维方式是领导者依据实际情况确定战略方针的高瞻决策，是制定战略与实施战略过程中的高度思考，是对组织运行进行整体筹划、实施宏观决策与指导的高层次思维活动。

第三种理解，战略性思维是一种总揽全局、考虑事物的各个方面和各个阶段，从整体考虑事物发展的根本目的和前进方向，以追求在解决战略问题时找到最优解的思维方法。

因此，战略性思维是领导者在制定战略和实施战略的过程中，对发现并解决战略问题的理性认识和能动反映。所以，战略性思维不仅局限于军事领域，对战略性思维更加深入的理解与更加生动的实践有助于领导者更加深刻、透彻地分析战略现象，也有助于战略性思维更加具体化、结构化、概念化、可操作化。

二、战略性思维的概念

虽然战略性思维存在不同侧重的认知与不同层次的理解，但我们认为战略性思维的概念应涵盖以下内容。首先，战略性思维是谋划全局、放眼未来的观念运动；其次，战略性思维是领导者面对战略问题时，依据战略目标与战略要素确定的战略决策、战略方案而进行的思维程序；最后，战略性思维概念的塑性与指导性较强，应用场景非常广泛。

战略性思维，是指领导者根据环境需求与团队目标对组织的可持续发展所做的整体性、根本性、长远性和全局性的战略思考。它要求领导者站在全局的高度，统筹兼顾，高瞻远瞩，做出战略决策与战略方案，体现了一种战略整体观、全局观，以及敏锐的洞察力、预见性，是科学的世界观、方法论在管理实践中的应用。这也是马克思主义的领导艺术，是领导必备的基本素质，也是领导做好一切工作的重要保证。

战略性思维包含了不同的维度。不同的维度可以更加透彻、全面地阐述战略性思维的概念与内涵。主要分为空间维度、现实维度、时间维度、战略维度。

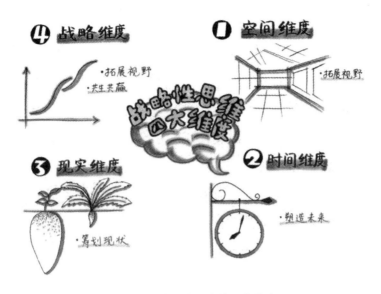

图 3-1 战略性思维的四大维度

（一）空间维度

从空间维度而言，战略性思维在已知的空间内不断拓展应用场景。无论是浩瀚的宇宙，还是细微的夸克粒子，都已经成为人类探索的领域。随着科学技术水平的提升，人类可利用的空间从陆地走向海洋、走向太空，逐渐从三维空间向更高的维度进行挖掘。

从空间维度把握战略的意义就在于人类不能够满足于现状，要有远见性地眺望未来。人类要把自身的视野不断向未曾涉猎的领域进军，不断拓展生存空间，促进自身可持续发展。因此，在利用战略性思维处理各种矛盾及各种关系上，领导者首先要有远见卓识和不断开拓的勇气与能力。

（二）现实维度

从现实维度而言，战略性思维要挖掘事物发展的因果关系。只有明确事物发展的因果关系，才能抓住当下发展机遇。战略性思维的终点是未来，但起点是当下现实，如果不能把握好当下的战略要素，就不可能向战略目标前进。

战略性思维正是基于对客观环境的全面估价，利用已有的战略要素，采取可行的战略方案，实现自身制定的战略目标。这意味着不懂得有目的地筹划现在，就不可能赢得属于适合自己生存发展的未来。因此，战略性思维要求领导者不能够忽视当下，要立足现实，做好战略，决策未来。

（三）时间维度

从时间维度而言，战略性思维要根据事物的发展规律去眺望未来。从生产方式看不同时代的思维模式，农业经济时代，农民的思维模式在于注重过去经验的积累与总结；在工业经济时代，工人的思维模式更专注于生产力的提高和生产模式的复制；在知识经济时代，思维模式注重探索未来，努力做时间的主人，发现通往未来的钥匙。

已有的成功案例与传统经验并不能确保人类可以顺利、平安地应对每一次未知的风险。预测未来的最佳方式莫过于把握当下、塑造未来。因此，具有战略性思维的领导者必须要具备未来意识，要善于摸清历史发展规律，引导时代发展的潮流，做好应对各种风险的准备。

（四）战略维度

从战略维度而言，任何战略决策或方案都是领导者主观能动性的体现。对于战略性思维本身而言，战略性思维具有长远性、全局性、创造性、重点性与复杂性的特征，这意味着战略性思维本身是一项非常前瞻、整体、关键、创造的思维活动，也意味着明确战略目标、做出战略决策、实施战略方案必定充满很多不确定性与复杂性。因此，战略性思维是领导者必须熟练掌握的高素质要求。

由此可见，战略性思维必须以目标为中心，从不同维度充分发挥主观能动性，动用一切战略要素，实现战略目标促进组织可持续发展。战略的本质是将战略要素在时间、空间、现实之间通过一定的方案进行整合，以实现制定的战略目标。因此，史会学（2000）认为战略性思维是全面而非片面、系统而非零散、发展而非静止、深入而非表面、因果而非相关地书写历史。

第二节　领导者的战略性思维

领导者作为指引组织发展的关键人物，他们的战略性思维决定组织的发展方向以及组织最终能达到的高度。因此，梳理并总结领导者的战略思维特征，分析制约领导者战略性思维的因素将有助于领导者进一步加深对战略性思维的认识。

一、领导者的战略性思维特征

领导者的战略性思维特征如图 3-2 所示。

图 3-2　领导者的战略性思维特征

(一) 快速反应

现在的市场环境已经从以前的规模优势竞争，逐渐演变成以"兵贵神速"为主的"抢滩登陆战"，很多产品从创新研发到市场上市的周期很短，哪家产品的"登录"速度快，哪家就抢占了竞争的先机，而企业如果不能跟上市场主流产品的更新换代，就将成为落伍者甚至被迫出局。微软公司的管理层知道，公司生产的产品经过四年周期后将逐渐被市场淘汰，如果不能迅速推陈出新，微软公司将在市场丧失竞争力，正是"不断淘汰自己的产品"秘诀使微软公司的产品更新换代非常迅速，也使微软公司可以在市场竞争中占得先机。康柏之所以可以在早期成长中取得较高增长率，正是因为可以倾听消费者的声音，比竞争者IBM 更快地使用新晶片，生产出运行速度更快、性价比更高的产品。

只有快速才能成功，领导者才能在激烈的竞争中掌握先机。无法快速适应环境并并迅速做出反应，注定会被竞争者超越。康柏因无法对网际网络所带来的变革做出迅速反应，在销售渠道与产品性价比领域落后当时的主要竞争者戴尔。戴尔首创电话销售，并运用网际网络连接消费者与制造商，免去中间商赚差价，降低产品与服务成本，迅速抢占市场而获得成功。

（二）讯息共享

传统社会的财富增加，主要来源于知识与技能的应用。随着企业的产权意识的提升以及专业壁垒越来越高，讯息已经成为越来越重要的资产，如何获得、管理，并利用好讯息，将决定组织的生存能力与发展前景。

讯息这种在数字化时代中越来越重要的资源与其他组织共享，可以提升资源配置效率，提高信息资源利用率，减少因讯息闭塞导致的盲目投入，节约社会成本实现共同富裕。因此，在数字化时代中成功管理的领导者，不仅具有丰富的履历与优秀的才干，还应该比以往更加注重讯息资源的利用率，更加重视讯息采集、贮存、管理、共享。

（三）以轻取胜

以轻取胜是指领导者更加注重组织的质量，放弃盲目扩大组织数量规模，避免资源浪费与尾大不掉。当组织开始追求以知识、资讯、科技等替代以规模、重量取胜的劳动力密集型传统经济，可以创造更高的经济价值与社会效益。

以轻取胜并不意味着领导者要放弃组织的规模与投入，恰恰相反，以轻取胜要求领导者更加注重提高组织的技术含量，增强组织的核心竞争力，努力增加产品附加值，避免规模过大导致资源利用率低下。

（四）积极开放

领导者的开放性思维比封闭性思维更能给组织寻找到生存与发展的机会。一个组织如果处在封闭的系统，拒绝打开天窗看世界，就难以顺应时代潮流获得发展机遇。哈佛大学经济学者杰弗里·萨克斯（Jeffrey Sachs）通过研究发现，开放之所以导致企业盈利大幅增长，是因为只有开放才能使组织有机会掌握到外界的新理念、新技术，提升组织自身的科技水平与管理效率。

战略性思维不仅要求领导者能够看得更多、看得更远、看得更深，还要求领导者具有开放性与包容性。只有这样，领导者才可以掌握事物的发展规律与因果效应，才能够做出更加具有远见卓识的战略决策。

（五）有章可循

战略的本质要求领导者在管理组织时要有法可依、有规可守、有章可循，这样可以确保战略程序的正义性，保障战略决策的公信力与战略方案的执行力。组织内部管理愈透明，规章制度愈完善，则决策制定就愈透明，为组织营造了一个公平、公开、开放、平等的内部环境，不仅有助于提升组织内部的凝聚力，也有增强组织成员之间的合理竞争力。

（六）敢于舍弃

敢于舍弃意味着在实现战略目标的过程中，领导者敢于舍弃短期利益。在当今这个竞争无处不在的时代里，一个组织为了长远发展就必须要有舍弃当下当红产品、服务、技术或理念等的勇气。惠普正是凭借着"吞噬现有的产品是保持领先的途径"的理念，才能在电脑产业中占据一方。

在实现长远战略目标的过程中，一定会存在当下收益增加或利益增长，也会出现新矛盾、新问题，即当短期利益与长期目标发生冲突时，领导者必须明确什么是需要被舍弃的。舍弃当下不意味着放弃当下的成长与积累，而是为了更好地推动长期目标的实现。

（七）强势担当

战略性思维要求组织在面对危机时，领导者作为组织的主心骨，要强势担当，既勇于承担风险，也要给出强势回应。领导者具备强势担当能给组织带来诸多好处，如提升成员的忠诚度、增强组织的凝聚力、提升组织的抗风险能力、增强组织的竞争力等。在竞争越来越多、生存越来越难的趋势下，组织的领导者必须拥有强势有力的担当，才能够保证组织的内部稳定性、提升组织的外部竞争性。

二、战略性思维对领导者的要求

(一) 正确认识、处理机遇与挑战的辩证关系

党的十五届五中全会指出："对于当今世界形势深刻变化和发展趋势给我国带来的机遇与挑战，我们要有清醒的认识，要有紧迫感和忧患意识。"作为领导者，一定要正确认识机遇和挑战的辩证关系，审时度势，权衡利弊，坚持把人民利益同历史进步紧密地结合起来，牢记实现中华民族伟大复兴是近代以来中华民族最伟大的梦想。

继续推进建设中国特色社会主义事业，就是不断抓住机遇和迎接挑战的过程。"得时者昌，失时者亡。"一个民族想要站在世界之巅，就不能没有战略性思维；一个领导者想要成为一名伟大的领导者，就必须具备很强的战略性思维能力。

(二) 社会主义实践和理论的新探索

中国共产党在现阶段的任务，是建设中国特色社会主义，把我国建设成为富强、民主、文明的社会主义现代化国家；在新世纪新阶段的奋斗目标，是全面建设小康社会，加快推进社会主义现代化。社会主义是前无古人的开创性事业，是一个民族不断探索、改革、创新、自我完善的历史过程，也是充满危机、见证荣光的伟大事业。

目前，我们党最庄严的历史责任，就是继续推进建设有中国特色的社会主义的伟大事业。担当这一历史重任，首先要靠党的各级领导骨干。柳菊兴（2001）认为这就要求我们的领导者努力去探索、去实践，

为了获得在新时代发展的主动权，必须加紧谋划，迅速反应，勇于担当，在不同维度取得更多的进步，以崭新的姿态自立于世界民族之林。这种探索和实践，必然对领导者的战略性思维提出更新的要求。

第三节　战略性思维的应用——企业战略性思维

一个组织能否持续成长，引领发展，都离不开战略性思维在其中的关键指引作用。本节从企业发展的视角介绍战略性思维的具体应用。

企业战略管理中应考虑如何利用自身有限的资源，在不确定的环境下满足消费者的需求，实现自身价值，体现社会效益。企业战略性思维分为以资源为本的战略性思维、以竞争为本的战略性思维和以顾客为本的战略性思维。

一、以资源为本的战略性思维

以资源为本的战略性思维认为企业是一系列独特资源的组合。企业的特殊性与竞争力体现在于它能够掌握和利用某些稀缺、有限、核心资源，并且能够在竞争中更加充分地利用这些资源。

加里·哈默尔（Gary Hamel）和 C. K. 普拉哈拉德（C. K. Prahalad）认为企业的核心竞争力在于企业自身生产的商品和提供的服务。他们提出，核心竞争力是企业在竞争中脱颖而出的关键。他们提出，核心竞争力是企业在市场竞争中脱颖而出的关键，如何建立并培育核心竞争力是企业战略的焦点，企业只有在确立长期目标之后，才能够制定发展战略，在战略中依托有限的资源，研发具有核心竞争力的产品或服务，使企业不仅可以向长期目标推进，也可以在市场竞争中发挥社会价值。

许多企业由于种种原因具备了某种资源，如专利技术、自然资源、人才梯队、管理模式、企业文化等，这种资源可以通过企业所提供的产品或服务而体现出来，从而在竞争中具备竞争优势，企业也需要根据自身所具有的资源，来明确战略决策，在竞争中扬长避短，确保企业在战略方案实施过程中，可以充分发挥资源的价值与效用。

二、以竞争为本的战略性思维

以竞争为本的战略性思维认为企业能否盈利取决于企业能否在竞争中获得优势。企业需要比竞争对手拥有某些优势才能在市场竞争中取得先机。因此，如何确立自身的竞争优势、如何打败竞争对手就成为这种战略性思维的主要焦点。

企业通常可以通过规模经济、范围经济和垂直整合获得竞争优势。企业一旦具备规模经济，就可以凭借低成本获得竞争优势，在这种情况下，企业把市场份额作为经营的重要目标，因为高市场份额往往代表着高利润，我国广东格兰仕集团控制微波炉市场即是如此。

在微波炉市场上，广东格兰仕集团被竞争对手和媒体称为"价格杀手""价格屠夫"。格兰仕的绝对低价使他对竞争对手有足够的威慑力，并成功在价格战中战胜对手。

格兰仕在其迅速崛起的过程中，不断扩大其生产规模。规模每上一个台阶，就大幅下调价格。同时发挥低成本优势扩大生产规模，迅速抢占市场份额。随后在竞争中又抓准时机向价值战转变，加大产品研发力度，不断推出世界领先水平的创新产品，继续扩大市场份额。

三、以消费者为本的战略性思维

随着实物经济向服务经济的转变，企业与消费者之间的关系变得更加直接、更加紧密。吸引、维系好消费者成为企业工作中的重点。消费者的良好体验成为企业可持续发展的基础与保障。因此，消费者在企业战略制定中的地位越来越重要。

以消费者为本的战略性思维认为消费者是企业经营的中心。挖掘并满足消费者的需求是企业战略得以实施的出发点。正如企业管理专家克尼奇·欧米（Kenichi Ohmee）所说："制定战略时把竞争纳入考虑是十分重要的，但是，我们不应该首先这样来考虑问题，首先要做的是仔细研究消费者的需要。"对欧米来说，战略始于顾客，顾客决定产品。成功的战略要找到更新的、更有效的方法去满足顾客的需要。

以消费者为本的战略性思维把消费者的需求视为企业生命源泉。挖掘、利用（甚至是造）、满足消费者需求、维系消费者与企业之间关系，给消费者良好的消费体验成为企业战略的重点。企业根据消费者来调整各种资源组合和经营行为，以便为消费者提供更多价值的产品与更好体验的服务，只有拥有源源不断的消费者，企业才能够得以生存。

四、三种战略性思维的联系

三种思维之间并没有高低、好坏之分，只是从不同的角度去看待企业的战略性思维。在现实中，企业会根据实际情况综合运用这些战略性思维，以保障自身的生存与发展。

以资源为本的战略性思维把企业所拥有的资源视为企业核心竞争力的源泉。这可以理解为，以资源为本的战略性思维是一种以企业为出发点的观点，由内而外做出战略决策，制订战略方案。但是，以资源为本的战略性思维存在一定的局限性，即资源的有限性和与需求的匹配性。当资源出现短缺或不再稀缺时，企业的核心竞争力将大打折扣。并且，一旦企业的核心竞争力无法与消费者的需求相匹配，企业的核心竞争力也将丧失竞争力，此时，以资源为本的企业就会陷入困境。

以竞争为本的战略性思维以行业吸引力作为企业战略取向的指标。企业通过各种途径来积累自身的竞争优势，打败竞争对手，确保企业自身可以在激烈的竞争中得以生存与发展。不过，以竞争为本的战略性思维也存在一定的局限性。首先，以竞争为本的战略性思维很可能导致企业做出错误的战略决策或实施错误的战略方案，比如为了获得规模经济而盲目扩张，很容易导致企业不计成本的投入而陷入运转危机。其次，以竞争为本的战略性思维不太重视价值的创新，即企业的价值不应该仅体现在竞争上。

以消费者为本的战略性思维则是由外而内的一种思考方向。企业考虑的是消费者需求什么，把消费者需求作为企业发展的出发点。采取这种战略性思维的企业以消费者价值作为战略的取向。当然，不同年代、不同文化、不同喜好的消费者的需求存在明显且巨大的差异，究竟该如何抉择并利用消费者需求，同时避免需求产生的产业转瞬即逝，也成为企业的经营难题。

以资源为本的战略性思维强调由内而外的思考方向，以消费者为本的战略性思维强调由外而内的思考方向，以竞争为本的战略性思维强调由己及他的思考方向。三种不同的思考方向也体现了战略性思维的复杂性与创造性，正是由于这些特性，使战略性思维可以指导企业战胜不同的危机、应对不同的风险，实现最终的战略目标。对于企业而言，要发挥自身优势，在竞争中突出特色，吸引消费者，实现最终的战略目标，在不同的时代背景与现实环境下，会有不同的侧重，也只有不断适应变化的环境与潮流，才能够在大浪淘沙后留下为社会创造价值的企业。

战略性思维如图 3-3 所示。

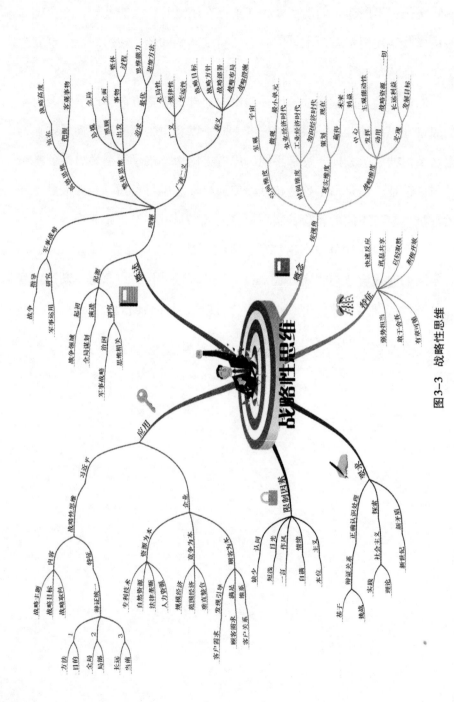

图3-3 战略性思维

参考文献

[1] 田运. 思维是什么 [J]. 北京理工大学学报（社会科学版），
2000（2）：68-69.

[2] 杨信礼，屠春友. 现代领导战略性思维 [M]. 北京：中共中
央党校出版社，2003.

[3] 李一平. 领导战略性思维能力研究 [J]. 江南社会学院学报，
2003（3）：76-78.

[4] 惠鑫，黄渊道，叶云. 试论领导的战略性思维 [J]. 前沿，
2004，3（3）：149.

[5] 陶文昭. 习近平治国理政的科学思维 [J]. 理论探索，2015
（4）：5-11.

[6] 习近平. 毫不动摇坚持和发展中国特色社会主义在实践中不
断有所发现有所创造有所前进 [N]. 人民日报，2013-01-06.

[7] 习近平. 在对历史的深入思考中更好走向未来　交出发展中
国特色社会主义合格答卷 [N]. 人民日报，2013-06-27.

[8] 习近平. 以更大的政治勇气和智慧深化改革　朝着十八大指
引的改革开放方向前进 [N]. 人民日报，2013-01-02.

[9] 习近平. 承前启后继往开来　继续朝着中华民族伟大复兴目
标奋勇前进 [N]. 人民日报，2012-11-30.

［10］习近平．紧紧围绕坚持和发展中国特色社会主义 深入学习宣传贯彻党的十八大精神［N］．人民日报，2012-11-19．

［11］王倩倩．企业家战略思维形成机制研究［D］．北京邮电大学，2020．

［12］方圆．企业家的战略性思维［J］．现代企业文化（上旬），2017（9）：29-31．

［13］杨洁勉．新时代中国外交的战略思维和谋划［J］．外交评论：外交学院学报，2018（1）：1-15．

［14］张建源．战略性思维的含义与培养［J］．市场周刊，2019（9）：169-170．

［15］丁瑞华．本期话题：战略性思维 企业应对全球化的战略性思维［J］．沿海企业与科技，2002（4）：10-11．

［16］陈翠华．战略性人力资源管理对组织效能的影响研究——基于竞值架构视角［J］．新商务周刊，2016（7）：165-166．

［17］史会学．论战略性思维［J］．经济师，2000（3）：16．

［18］柳菊兴．浅论领导者战略思维的发展和锻炼［J］．理论日刊，2001（9）：69-70．

第四章

数字性思维

以数字性思维应对新冠肺炎疫情

新冠肺炎疫情暴发后，面对疫情，举国上下齐心协力，全力以赴救治病患，严防死守，有效阻止了疫情进一步扩散。在这次应对疫情的战斗中，政府各部门充分利用了数字化技术，并且要求各级领导者一定要具备数字性思维，从而及时、全面地掌握疫情态势。

中央引领

在疫情暴发之初，中央政府就意识到数字化技术对疫情防控的重要作用，尤其是社区防控工作必须要和数字化技术深度融合。由此，多部门联合印发了《新冠肺炎疫情社区防控工作信息化建设和应用指引》，强调"发挥互联网、大数据、人工智能等信息技术优势，依托各类现有信息平台特别是社区信息平台，开发适用于社区防控工作全流程和各

环节的功能应用，有效支撑社区疫情监测、信息报送、宣传教育、环境
整治、困难帮扶等防控任务，统筹发挥城乡社区组织、社区工作者的动
员优势和信息化、智能化手段的技术优势，有效支撑省、市、县、乡四
级数据联通，构筑起人防、物防、技防、智防相结合的社区防线，形成
立体式社区防控数据链路和闭环，提升城乡社区疫情防控工作成效"。

实时公布数据

在应对疫情的过程中，疫情数据实现了联通和共享。各地卫生疾控
部门应用数字化技术，收集当地疫情信息，并及时上报。中国国家健康
委员会汇总后向民众实时发布疫情数据。这种官方发布的疫情数据使群
众可以在第一时间了解疫情的变化，这也是流行病暴发期间稳定人心、
帮助公众积极配合各项防控工作的重要措施。除数量信息外，国家健康
委员会还考虑到人民的防疫需求，专门设置了辟谣与防护、实时播报、
疾病知识等重要防控信息板块，并根据个性化需求，提供城市疫情订
阅、患者同乘查询、所在地感染病例地图等功能。

健康码实时追踪

健康码是我国抗击新冠肺炎疫情的重要举措。中央政府和地方政府
利用数字化技术，开发通行大数据行程卡和地方健康码，来确定每一位
个体的健康情况。健康码的数据来源多样，包括个人申报的基本信息、
位置行程轨迹、交通出行信息、社区登记信息、密切接触者数据、采集
点收集信息等。通过对这些多源数据的采集、储存及整合，经过防控规
则和数据建模，后台比对后，可以判断出个体的低、中、高三种新冠肺

炎风险等级，并以绿、黄、红三种颜色分别显示。同时，健康码也实现了"同步+异步"相结合，不仅市民端可以通过健康宝小程序来修正自己的健康状况，实现码的即时更新，后端也会轮询底层源数据库，有更新就会触发码的再次生成逻辑。

健康码的应用助力了政府的决策。通过观察区域和个人的疫情数据，参考算法分析结果，地方政府能够制定相应政策，实施及时有效的措施来保证人员跨省安全有序流动，正常复工复产复学。即使发现病例，政府也可以通过数字技术追踪其行程，进行定点管控，实施针对性手段，快速扑灭疫情。随着我国健康码的应用，受到发现数字化技术与数字化思维在应对疫情的有效性后，德国、法国、意大利、加拿大等国也纷纷模仿我国，上线健康码类型应用，来应对疫情冲击。

第一节　了解数字性思维

历史上每一次重要的组织管理模式转变必然伴随着科学技术的创新变革。第一次工业革命孕育了工厂制，由此产生了直线型管理思维，第二次工业革命催生了大批现代公司，职能制管理思维成为主流。如今，第三次工业革命带动数字性管理思维蓬勃发展，逐渐取代旧有的思维模式。数字性思维是5T火箭领导力模型的躯干，为其他领导性思维的实现提供技术路径的思考。理解数字性思维的内涵，是尊重科技发展的体现，更是顺应组织管理发展的需要。

一、什么是数字化

（一）数字化的概念

近年来，数字科技突飞猛进、蓬勃发展，指引着各类组织开始数字化转型，支撑人类社会加速向数字经济过渡。在党的十九届五中全会上，党中央提出要在"十四五"时期加强数字社会、数字政府建设，坚定不移建设网络强国、数字中国；2020 年 8 月，国务院国有资产监督管理委员会（以下简称国资委）印发了《关于加快推进国有企业数字化转型工作的通知》，就推动国有企业数字化转型做出全面部署；吉利、美的等民营企业也纷纷开始"上技术高山，下数据蓝海"。

当数字技术成为全球技术变革的核心战略方向，数字化转型成为组织发展的必由之路时，"数字化"这三个字就成为最潮流的热词。用数字化组成的新名词层出不穷，让人目不暇接。很多传统的事物，加上了"数字化"三个字，就显得时尚与先进了。然而，对这一概念的大量使用，也使其陷入了"概念的丛林"。在进一步将数字化与组织，甚至与领导力相结合之前，我们先要明确数字化的概念。一般来说，数字化可以从狭义和广义两个层面来理解。根据场景和语境的不同，其含义也有所差异。其中，对具体业务而言的数字化，多为狭义的数字化；对组织而言整体的数字化变革，则多为广义的数字化。

狭义的数字化，是指利用信息系统、各类传感器、机器视觉等信息通信技术，将物理世界中复杂多变的数据、信息、知识，转变为一系列二进制代码，引入计算机内部，形成可识别、可存储、可计算的数字或数据，再以这些数字或数据为基础建立起相关的数据模型，最后进行统一处理、分析和应用，这就是数字化的基本过程。

广义上的数字化，则是通过利用互联网、大数据、人工智能、区块链等新一代信息技术，来对企业、政府等各类主体的战略、架构、运营、管理、生产、营销等各个层面，进行系统、全面的变革。广义上的数字化强调的是数字技术对整个组织的重塑，数字技术能力不再只是单纯地降本增效问题，而成为赋能模式创新和业务突破的核心力量。

当然，无论是狭义还是广义的数字化，都离不开三项核心技术，即数据、算法和算力。三者的关系可以用"巧妇难为无米之炊"来形容。巧妇的"巧"就是算法，食材就是数据，而锅碗瓢盆和炉灶就是算力。具体来说，数据是数字化的基础要素，只有拥有了数据，并使其自由流通，形成数据中心，数字化方能开始。算法是用系统的方法描述解决问题的策略机制，能够对一定规范的输入，在有限时间内获得所要求的输出。在数字化中，算法主要是模型算法，即通过各类算法对数据进行建模，产生模型，从而形成决策结果。例如，产业中的各项事前预测、事中控制、事后归因等。算力就是对数据的处理能力，数据模型需要在算力平台上实现，在海量数据、海量模型的数字化时代，对算力的要求越来越高。

（二）组织的数字化转型

在了解数字化的概念与核心要素后，我们就可以将目光转向组织发展的热点——数字化转型。每个组织对数字化转型都有独特理解，但大多只反映了数字化转型的某一侧面：一些组织把数字化简单等同于将线下部分搬到线上，如建立线上渠道、搞电子商务，或网上购物等；还有一些组织认为数字化转型就是在业务运营体系上搭载一个大数据平台。不过这些都不全面，要想明确数字化转型的本质，先要了解组织与数字技术的关系演变，组织数字化转型主要经历了三个阶段（见图4-1）。

图4-1　组织数字化转型的三个阶段

第一阶段：信息数字化。信息数字化是组织数字化转型的第一阶段，也是后续转变的基础。它是指通过信息技术和网络加工，如 ERP、OA、HR、CRM 等管理软件，记录和生成新的信息资源。在这一阶段，数字技术的应用目的是将组织的日常业务流程固化并自动做好记录，以降低员工的工作难度，减少重复无效的工作内容，提高工作与管理效率。

第二阶段：运营数字化。运营数字化是在信息数字化的基础上，打通数据孤岛，建立组织的数据分析模型，对组织的运作逻辑和管理经验进行数据建模和流程优化，把各管理软件信息按照业务逻辑及组织需求打通，来指导日常运维。在第二阶段，数字化的重点是信息的积累与运用，重视每一项数据，将其有效地嵌入实际管理，并基于反馈的结果进行组织结构、业务流程、人才管理等方面的调整，甚至再造。

第三阶段：智能数字化。智能数字化是组织数字化转型的最终目标，其核心是自动化调整与预测。在这一阶段，组织会将决策机制进一步模型化，建立神经反射弧，让组织拥有数字化的"神经系统"，从而对内外部的变化产生近乎自动化甚至是智能化的反应。同时，在最后阶段，组织也会扩大数字计算的层次与时间范围，来对未来组织的发展趋势和外部环境影响做出预测。

回顾组织与数字技术关系的三个阶段，我们可以发现，在第一阶段，数据获取的问题得到了解决，第二阶段初步应用了算法，而在第三阶段，算法得到了进一步完善与丰富，算力对组织的重要性得到了体现。当前，大部分组织已经完成第一阶段的转型，进入第二阶段。无论是引入管理软件，让员工实时录入相关信息并在系统上进行关联操作，还是组建信息共享部门，都在一定程度上实现了信息的数字化，并利用现代信息技术对业务流程进行设计、开发、改进和重组的活动。

基于这一认识，我们可以了解到，数字化转型的概念，对于大多数组织而言，是在信息数字化的基础上，做好运营数字化，然后开启并完成智能数字化。这体现出两个重要特点，一方面，数字化转型不等于信息化，它不是一个单纯的技术概念，也不是简单地将信息技术注入组织之中，能否凝聚战略、领导力、技术、流程、组织文化等要素的力量是数字化成败的关键。另一方面，数字化转型的目标是全面重新构建流程、产品和服务，向数字业务转移，提高数字化竞争力，最终实现产业价值链的升级和商业转型。

二、领导的数字性思维

（一）数字性思维的概念

正如上一部分所说，数字化转型并不是技术的应用，而是涉及战略、组织、运营等各方面，其本身是一个三分技术、七分管理的事情。因此，实现组织的数字化转型，离不开领导者的思维转变。一方面，数据会对领导力的产生、运作和效果产生直接或间接的影响；另一方面，领导力也会反作用于对数据的开发、治理和应用。只有领导者具备了数字化思维，进行了认知重塑，组织的数字化转型才能够顺利落地。

什么是数字性思维？习近平总书记在 2017 年中共中央政治局集体学习时曾指出，善于获取数据、分析数据、运用数据是领导干部做好工作的基本功。习近平总书记的话揭示了数字性思维的核心概念。进一步来说，领导者的数字性思维是他们能够在数字化情境中，吸引和影响员工与利益相关者，并持续实现团队目标，助力组织实现数字化转型的基础。这就要求领导者要尽可能地使组织的各个管理层或自己所在的团队形成用数据说话、用数据管理、用数据决策、用数据创新、用数据解决实际问题的基本准则。

（二）数字性思维的层次

数字性思维的形成不是一蹴而就的，而是基于对数字化技术的理解和管理认识的深入而逐步形成的。对于领导者来说，信息化思维的逐步形成，主要可以归纳为三个层次（见图4-2）。

图4-2　数字性思维的三个层次

第一个层次是理念，就是意识和认知的转型。领导者可以主动思考，我们有没有把数字化作为组织生存发展的刚需？是否能在数字化视野下重新思考行业布局，根据数据来思考事物，量化思维，重视事实，追求真理？在职能策略上，有没有把重点聚焦于运用数字化来提高流程效率？在价值主张上，有没有聚焦于运用数字化来提升现有产品和服务质量？是否围绕重要事项建立适配的数字生态系统？只有意识和认知到位了，明确数字化思维的重要性、必要性、紧迫性，数字化思维的形成才有可能。

第二个层次是应用，应用数字化的工具和手段来支撑管理活动。领导者主动学习数字化的相关知识，深谙数字化技术及其本质，身体力行、率先垂范，根据业务需要、市场需求、趋势变化，将多个渠道的数据进行整合，发现这些数据的内部关联，以及所隐藏的战略内涵，服务于自身的管理活动与决策。

第三个层次是引领，引领组织的数字化转型。领导者在用数字化理念解决实际问题的过程中，形成了自身独特的认知，引领企业战略、组织、流程、业务与交付模式的全面转型。同时，领导者也开始构建一种符合数字化发展要求并为全体员工所认同的企业文化，在转变自身思维的同时，也提升了下属的数字化思维，为下属转变思想提供制度保障。

第二节　管理实践中的数字性思维

数字性思维涉及战略、组织、运营等各方面，是从技术环境出发的管理方法论，具有一定的抽象性。领导数字性思维的训练并没有确定的方法，主要依托于实践中的积累与思考，即了解数字化技术后，在日常工作中提升基于获取数据的开放意识、共享意识；基于数据分析的全局意识、学习意识；基于数据运用的管理意识、人本意识。本节从管理工作的角度出发介绍了管理实践中的数字性思维（见图4-3），有助于领导者使用和巧用数字化技术。

一、重视数据

（一）尊重数据的地位

数字化以数据作为组织的核心生产要素，要求将组织中所有的业务、生产、营销、客户等有价值的人、事、物全部转变为数字存储的数

图 4-3　管理实践中的数字性思维

据,并形成可存储、可计算、可分析的数据模型,并通过对这些模型进行实时分析、计算、应用来指导和预测组织的各项活动。因此,对于领导者而言,要将数据等同于人力资源、原材料或技术,并与生产相耦合。领导者要明白,在数字化时代,数字资产将成为一个企业的核心资产,数据对于组织的重要性超越了以往任何一个时期。

(二)注重过程数据的积累

数据收集自古即有,早在春秋战国时期,齐国国相管仲就通过对农业生产信息的统计分析来制定相关的农业生产政策;明朝开国皇帝朱元璋通过编制"黄册"来了解人口信息;《平准书》《河渠书》《货殖列传》《食货志》《地理志》等都有关于农业生产、战事、山川地理、天文水文等的大量统计数据。

组织生产、经营活动中，也会产生大量的信息。然而，大部分领导者只重视结果信息，记录产品数据、销售数据、规章制度等，却很容易忽视在实现结果的过程中所产生的数据，如知识的变化、交流的内容、思考的转变等。这些数据的缺失，导致很多结果变成了空中楼阁，使组织在进行下一次的产品或服务迭代时缺少着力点。更糟糕的是，如果组织中的关键人员流失，那么复盘流程也变得十分困难。因此，领导者要在组织活动开始时，就注重对数据的收集，保证信息记录覆盖全流程。

面对建筑设计市场的白热化竞争，北京建筑设计研究院（BIAD）的管理层对知识管理愈加重视。如何让无数专家经验及项目成果（300多万张设计图纸和几百项科研成果）形成一座可供深度挖掘的知识金矿，如何让设计师或工作人员的智慧和思想得到保存与利用，成为亟须解决的问题。经过多方考察后，BIAD 引入蓝凌知识管理系统，建立"知识仓库"，将项目管理系统的评优过程与档案信息集成，形成"优秀作品库"，全方位展现优秀设计方案和优秀工程设计项目的设计成果，作为工程设计最佳实践供员工学习借鉴；设置"培训库"，上传内部各类培训视频课件，可供员工随时点播观看、学习；开启"知识问答"模块，员工可向组织内所有人提问，也可以向指定的专家或某个领域的所有专家提问，并留下记录，充分利用了组织"智囊团"的资源；提供"知识社区"，促进并记录小组成员间的协作交流。[①]

---

① 资料来源：http://www.landray.com.cn/activity/94822

（三）打通信息孤岛

零散的数据并不能产生价值，只有将数据链接和打通，发现隐藏在其中的关联和影响形式，才能将数据真正运用到组织管理中来。如果单单将生产过程、事务处理、现金流动、客户交互等业务过程加工成相关数据来反馈于原业务的发展，则更多的是一种条块分割、烟囱式的应用。数字化思维要求全面整合数据内容，与不同部门分享业务数据，打通组织的数据孤岛，从而实现信息传递网络化、人际协作网络化。在数字化转型的组织中，组织的行动力就在于网络的力量，组织的敏捷就在于密密麻麻的网络迅速传递信息。数字领导者的作用正是在于构建这样的网络，让尽量多的人入网，成为网络的新节点，让每个人、每个团队都可以在这个平台上敏捷协作、共享资源，从而实现组织全局的目标，以及网络、平台上各团队和个人的自身目的和意义。

中国电子科技集团公司第十五研究所秉承了数据共享的理念，建设了一体化项目管理平台。这一平台实现了企业日常办公和科研生产管理工作无纸化、电子化和标准化的信息化办公环境和业务管控系统，覆盖所内各类专项业务工作和运营管理工作；汇集各科研生产部门以及职能部门的专有业务数据，进而建立企业集成数据资产平台。管理平台整体架构包括五大能力建设——业务中心、数据中心、集成服务中心、企业智能、企业门户。其中，业务中心是整个平台的核心能力，包括销售管理、项目管理、合同管理、采购管理、库存管理、资产管理、财务管理、质量管理、人力资源管理、OA及门户管理；数据中心存储所有业务数据，并提供给企业智能进行分析应用；集成服务中心的数据、服务整合能力为平台提供业务整合的服务化架构；企业门户作为最终用户的访问入口，提供统一的用户管理、权限控制、个性化服务等能力。通过一体化项目管理平台建设，统一业务管理规范、贯通各个业务管理系统流程、实现企业风险全面管控，打通数据壁垒，提升管理效率、积累知识经验、为管理决策提供科学支撑。

二、应用数字化技术

（一）让数据成为决策的依据

数据收集的战略意义不在于掌握庞大的数据信息，而在于对含有意义的数据进行专业化处理，使其成为决策的依据。具备数字化思维的领导者不是靠"拍脑袋""凭经验"来做出决定，而是基于"数据+算法"的决策。这种方式一是能够保证决策的科学性，如通过人才画像技术来进行招聘和绩效考核，可以科学衡量人员素质水平，保证其满足组织的需要。二是能够防范风险。人们对风险的判断往往是后知后觉的，数字化技术能够前移风险信号，从而使领导者能够在决策初始阶段便预防风险。

第二次世界大战期间，与德国空军作战的英军飞机损失惨重，军方不得不考虑优化飞机的机体装甲，因此，英国皇家空军的作战指挥官找到美国哥伦比亚大学著名统计学家沃德（Abraham Wald）教授，请求其协助对飞机进行加固设计。在对返航的飞机进行观察后，军方发现机翼是最容易被击中的部位，而飞行员的座舱与机尾则是最少被击中的部位。基于这一结果，英军的作战指挥官认为，应该加强机翼的装甲，"就我个人而言，过去在执行任务时，也曾多次遭遇机翼中弹严重受创的情况，要不是我飞行技术老到，运气也不错，早就机毁人亡了，所以，我强烈主张应该加强机翼的装甲"。然而，沃德经过统计分析，认为应加强飞行员座舱与机尾发动机部位的装甲。"我们所分析的样本中，只包含顺利返回基地的轰炸机。从统计的观点来看，我认为被多次击中机翼的轰炸机，还是能够安全返航，而飞机很少发现弹着点的部位，并非真的不会中弹，而是一旦中弹，根本就无法返航。"最终，英军采纳了沃德的建议，事实证明沃德是正确的，在加强了尾翼和驾驶舱的护甲后，英军飞机的幸存率果然大大提高了。

（二）先打靶再瞄准

传统思考问题的方式是先找方向，确定要解决什么难题，清楚要实现什么目的，谁是关键人物，随后再开始解决问题。这是一种工业化时期传承下来的线性思维。然而，在数字经济的背景下，外部环境瞬息万变，领导者已经没有时间仔细筛选问题，这时数字化技术可以提供另一种问题思考方式，即通过对大量数据的实时快速计算，同时发现多种问题，提出指数级的管理建议。因此，领导者可以"先打靶再瞄准"，同时解决多个问题，执行多种方案，在实践中根据数字化技术的建议与预测进行调整。

（三）提升效率

数字化转型的显著优点是降低成本、缩减时间，这主要体现在减少管理中不必要的流程和步骤上。数字化让生产要素从传统转向以数据为主，从传统部门分工转向网络协同的生产关系，从传统层级驱动转向以数据智能化应用为核心驱动的方式，这让生产力得到指数级提升。因此，领导者要顺应这种趋势，在"人+系统+流程"的管理模式中，更多地优化流程，增加系统的工作，尤其是系统中算法的工作，从而提升组织整体的管理效率。

1978 年，美联航 173 号航班由纽约的肯尼迪机场飞往俄勒冈的波特兰。临近降落时，机长发现起落架的指示灯没有亮起。这在各类飞机故障中并非大问题，即便起落架无法放出到位，飞机也可以在跑道上靠摩擦力强行着陆。随后，机长控制飞机开始在机场上空盘旋，机组成员纷纷查看厚厚的操作手册，检查各类测量标准和数据，讨论迫降的各种细节、流程，甚至考虑了降落后最后一个离开飞机的人需要关闭尚有电量的电池。冗长烦琐的流程耗尽了 173 号航班的生存机会，加上为了避让其他飞机降落，173 号航班用了 70 分钟做好迫降的一切准备，却发现燃油已经不足以操控降落，最终导致 10 死 24 伤。复杂的流程最终导致了这起原本可以避免的悲剧。

(四) 独立的判断

应用数字化技术，并不代表着完全遵循其产出的结果。在日常管理决策中，往往会发生算法结果与自身经验不符，数字技术提供的最优方案与组织利益相冲突的情况，是遵循数据预测的结果，改变研发方向来实现短期成效，还是坚持长期方向？在挫折中继续尝试，还是在悲观的失败预测中改弦易辙？要解决这些问题，需要管理者理解算法背后的知识与逻辑。数字化技术并不完美，也有其弊端与涵盖不到的方面，领导者仍需具备独立的判断力，在数字化技术与管理需要之间达成平衡，保证基于数据的决策与现实需求精准化衔接，并对决策的实施进行实时跟踪。

三、流程变革

（一）敏捷协作

甘特图是从工业时期流传下来的管理工具，能够使一个项目安排、计划展示得井井有条、一目了然，其思想和应用至今仍受到欢迎。然而，在数字化的环境中，计划永远赶不上变化。对于一个横跨数月或者更长时间的项目而言，甘特图的最初计划往往可能是错的，越到后面越脱离实际情况。基于这种逻辑，敏捷项目管理（Scrum）协作方式应运而生。其内涵是领导者要求每个项目成员都需要经常检验自己做的事情，看看是否在朝着共同目标前进，每个阶段的结果是不是大家（或者客户）真正需要的，并在每个周期都再次确认如何改善目前正在做的事情，以追踪变化的目标，以及如何摆脱障碍从而做得更快、更好。这种协作方式尤为适应数字化中的管理与合作。

（二）前端驱动

在数字化时代，组织需要具备敏捷的反应能力，对外应把握客户和市场的迅速变化，对内应满足组织管理的要求。在此情况下，延续以往科层制的垂直结构是不够的，领导者要转变管理流程，从遵守上级的指挥命令一统到底，转变为基于需求端的业务数据开展行动，就像任正非所说的："让听得到炮火的人呼唤炮火。"这就要求领导者从完全领导转变成为前端支持，在团队甚至是组织内建立串联和并联交织在一起的网状结构，给前端"打仗"提供空中支持，提供好的"枪支弹药"，提供充足和及时的"粮草"，提高一线综合作战能力。

（三）迭代反馈

假设人们去一家酒店吃饭，点了8个菜。大体上，酒店有两种上菜方法：方法一，先在厨房把那8个菜全烧好，然后一次性端到饭桌上；方法二，在厨房里挑一两个烧起来比较快的菜，烧好后就端到饭桌上，以后每烧好一个菜就马上端到饭桌上。从方法论的角度看，前一种上菜方法叫"瀑布法"，后一种上菜方法叫"敏捷法"。采用"瀑布法"上菜的酒店管理比较简单，店小二也不用频繁来往于大堂和厨房之间，但是吃客要等很长时间才能吃上菜。采用"敏捷法"上菜，酒店方的工作量自然是加大了，但是吃客可以马上吃上菜，酒店方还可以及时咨询吃客对菜品的评价，以了解吃客的口味和偏好，供厨房后续烧菜时参考。在工作中，领导者需要的就是"敏捷法"，即团队成员持续迭代式交付工作成果，并利用数字化技术迅速评估成果，给予第一时间的反馈并改进。

（四）全员数字化意识

组织的数字化转型涉及前台、中台、后台等各个流程，无论是基层员工还是领导者都需要参与其中。因此，转变思维并不只是领导者的工作，而是需要全员参与、全员转变。领导者在明确数字性思维的内涵后，便要向员工讲解数字化技术的作用，组织学习相关的数字化技术，培养运用数据进行工作的意识。只有这样，才能保证领导者的数字化思维得到贯彻。

苏宁董事长张近东在总结苏宁推进数字化转型经验时提出：苏宁智慧零售的本质就是数字零售，是建立在数据化管理与分析基础上的零售经营能力。支付数字化、用户数字化、商品数字化，零售服务的每一个环节都将被数字化。为推进数字化转型，苏宁内部下了一个数据动员令，第一条就是让全员转变观念，树立数字化经营意识，建立数据化的零售经营能力，这种能力要体现在精细化管理、精准化营销上面。业务线要打造数据应用工具，把数据融入线上线下的每一个工作环节，智能管理体系全面挖掘数据特性，优化管理制度，完善管理能力。

四、避免"唯数字化"

（一）数字化不能代替管理

虽然数字化把人力驱动的活动转变为技术驱动，使组织的工作产出和管理效率大幅提升，但是领导者要谨记，数字化只是一种形式和手段，并不能代替所有的管理实践。对组织运转而言，数字化仍有很多解决不了的问题，如组织战略的分解与实施。尽管数字技术能够"指方向，给抓手"，但真正的执行还是要具体到每一位员工。因此，数字化思维要求领导者看清数字与人的关系。员工才是操作数据、运用数据、解读数据的主体，数字化成果如何运用，运用的效果如何，仍取决于每一个人的主观能动性。

（二）坚持以人为本

当数字化的效果被深度发掘时，一些组织往往会为了过分满足数字化的条件，而忽略员工的真实需求，这可能成为领导者在助力组织数字化转型中面临的挑战。大家可以设想一下，如果一个新的技术能够替代两个下属的大部分工作，并且工作效率更高，问题更少，那么你会如何安排、对待这两名下属？组织对员工态度的转变主要经历了五个阶段：第一个阶段是把员工当成工具，如螺丝钉；第二个阶段是把员工当作成本，即人力成本；第三个阶段是把员工当成资源，即人力资源；第四个阶段是把员工作为资本，即人力资本；现在，越来越多的优秀企业发展到了第五个阶段，把人当人才看，即以人为本的阶段。如果经历了数字化后，管理者仅仅根据效率来比较人与技术，则又倒退回第一阶段，把人当成了工具。目前来看，无论数字化发展到什么程度，都是需要人来操作的，数字化无法完全替代人。因此，管理者仍需要正确地理解人心、把握人心，才能够真正实现管理的转型，从而提升数字化转型的能力和动力。

（三）避免浮躁

凭借着先进的算法和技术，组织发展的"黑箱"被一点一点打开。每一个决策的产出，都使未来发展的方向逐渐变得清晰。这种可视的感觉会让领导者变得浮躁，甚至专注于组织的扩张而忽视了初心和责任。互联网组织是数字化转型的"排头兵"，其中的领导者也是最早接触数字性思维的群体。在过去的 20 年，互联网组织享受着数字化技术发展带来的红利，逐渐将追求利益最大化作为发展的首要目标，却将道德约束抛之脑后，再加上组织经营中道德成本的存在，企业回归本心难上加难，最终导致了一些众所周知的社会问题，如数据安全、大数据杀熟、强制二选一等，这些都被社会广泛诟病。我们要以此为鉴，明白数字化也是一把"双刃剑"，在应用数字化思想时避免浮躁，做到"不忘初心、牢记使命"，做长期价值主义者，追求相关利益者的价值平衡。

　　数字性思维如图 4-4 所示。

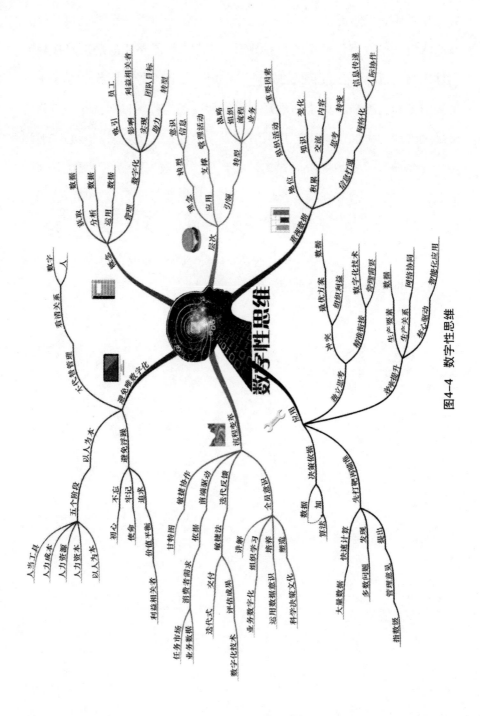

图4-4 数字性思维

参考文献

［1］陈冬梅，王俐珍，陈安霓．数字化与战略管理理论——回顾、挑战与展望［J］．管理世界，2020，36（5）：220-236+20.

［2］沉玲．2020—2021国企相关数字化转型10大案例［J］．互联网周刊，2021（15）：42-44.

［3］丁波涛．大数据领导力的"五力"模型研究［J］．上海城市管理，2019，28（4）：40-45.

［4］丁少华．重塑：数字化转型范式［M］．北京：机械工业出版社，2020.

［5］方跃．数字化领导力［M］．上海：东方出版中心，2019.

［6］韩丽，程云喜．企业数字化领导力面临的挑战、短板及提升路径［J］．领导科学，2021（19）：50-53.

［7］林光明．敏捷基因：数字纪元的组织、人才和领导力［M］．北京：机械工业出版社，2020.

［8］戚聿东，肖旭．数字经济时代的企业管理变革［J］．管理世界，2020，36（6）：135-152+250.

［9］晗秋子．数字经济时代亟须数字化领导力［J］．中国领导科学，2021（1）：106-111.

［10］臧超，徐嘉．数字化时代推进政府领导力的三重向度［J］．

领导科学，2020（20）：119-121.

[11] Jeff Sutherland. 敏捷革命：提升个人创造力与企业效率的全新协作模式 [M]. 北京：中信出版社，2017.

第五章

创新性思维

以创新思维持续推动招商局集团变革①

自 1872 年轮船招商局成立以来，创新一直是招商局集团文化中的一个重要基因。在目前调整结构、转型升级的大背景下，招商局集团更是以创新为核心战略，将创新作为培育经济新增长动力最重要的"乘数因子"。招商局集团的变革创新能力重点表现在三个方面——商业模式创新、管理创新和制度创新。

商业模式创新

商业模式创新是招商局集团创新的一大特色，"前港—中区—后城"的开发模式是招商局集团商业模式创新的一个典型。1979 年初，

---

① 资料来源：《招商局集团：公司治理与管理模式探索与实践》——招商局集团公司治理与管理模式课题组。

招商局集团创办蛇口工业区，先从港口进行开发，以满足原材料和产品的进出口需要，这一商业模式被称为"蛇口模式 1.0"；随后，在港口的基础上，集团进行了"五通一平"基础设施建设，产业园区逐步形成，这一时期的商业模式称为"蛇口模式 2.0"；随着经济的发展和新兴产业的聚集，蛇口工业区的制造业逐步退出了历史舞台，"二产"变成了"三产"，今日蛇口工业区已经从 30 多年前一个偏僻荒芜的小渔村发展成为人均 GDP 超过 6 万美元的现代化、国际化的滨海新城，招商局集团又将这一时期的商业模式称为"蛇口模式 3.0"。

管理创新

管理创新是招商局集团创新的又一大特色。招商局集团从未停止对自身管理的思考，一直在探索更加有效的管理模式。"3S"管理模式是招商局集团管理创新的重要体现，招商局集团根据环境的变化情况，重新将总部定位为战略引领、综合服务和风险管控三大职能，使招商局集团在动态变化的环境中做到集团一盘棋，向共同的战略目标努力。创业项目的跟投机制也是招商局集团的一项管理创新。招商局集团把 PE 行业中成熟的跟投机制复制到创新项目投资上，同时实施反向跟投机制，由企业跟投投资决策者共同决定投资项目，真正做到风险共担、利益共享。

制度创新

招商局集团变革创新能力的另一个突出表现就是制度创新，这是招商局集团在变革创新能力上的一大亮点。招商局集团一直努力与监管机构进行互动，试图将自身在经营过程中积累的优秀实践转化为正式制度。例如，招商局集团与深圳海关实现战略合作，并在两者的统一指导下，招商局港口与深圳国检和深圳海关签署战略合作备忘录，开创了检企、关企合作共赢新模式，推进前海蛇口自贸区海关监管模式的改革创新。

第一节　了解创新性思维

长期以来，我国社会发展主要是通过粗放型发展方式实现经济增长，但这种发展方式不仅缺乏内在动力，而且难以为继。基于这一背景，党的十八大明确提出了创新驱动的发展战略，以创新引领社会发展，指导企业前行。创新对组织意义重大，正如战略大师迈克尔·波特所说："企业通过创新活动获得竞争优势。它们在最广泛的意义上从事创新，既包括新技术，也包括新的做事方式。"因此，面对发展方式转换的要求，创新性思维成为领导力中必不可少的组成部分，构成了5T火箭领导力模型中的尾翼。

一、什么是创新

（一）创新的概念

创新是引领发展的第一动力。在人类历史上，中华民族曾为人类文明进步做出过不可磨灭的贡献，这些进步和贡献的取得，正是中华民族勇于创新和善于创新的结果。失去了创新思维，就失去了前进的动力，导致封闭和落后。从思维方式层面说，拒绝创新和排斥变革是落后和挨打的重要原因之一。

对组织而言，创新是发展的根基，是其长盛不衰的源泉。按照生命周期理论，任何组织都会经历投入期、成长期、成熟期和衰退期等阶段。组织所能拥有的竞争优势都是一时的，如果不能持之以恒地创新，最终都会走向衰败。同时，创新也是组织独立发展、获取比较优势的重要途径。当前，国内组织生产活动中的部分核心技术仍然受制于人，生产发展经常被卡脖子、牵鼻子。由此可见，真正的核心技术是花钱买不来的、市场换不到的，只有持续创新，组织才能转被动为战略主动。

对于国家和组织来说创新都如此重要，那究竟什么才是创新？我们认为，创新是一个环环相扣的过程。首先，创新的最基本前提是提出创造性的想法，也就是创意。创意可以来源于任何方面，既可以是多维度的，也可以是天马行空的。其次，产生创意后，要将创新转化为新的产品、工艺、服务方式等内容，这些内容既可以是有形的，也可以是无形的。最后，创新必须是完成时。如只有当新的产品被投放到市场时，新的工艺、营销方式、组织方式被应用到运营中时，创新才算真正被实现。值得注意的是，创新的"新"可以是只对这个组织而言的，不必追求在全行业，甚至是全球组织中的高新颖性。换句话说，创新可以是已经在其他组织中应用但是第一次在本企业开发应用的内容。

（二）创新的基本类型

创新的内容既可以是有形的，也可以是无形的。事实上，创新的范围十分广泛，任何生产要素和步骤都涉及创新。从创新的对象来看，组织中的创新可分为产品创新、工艺（流程）创新、服务创新、商业模式创新四大基本类型（见图5-1）。

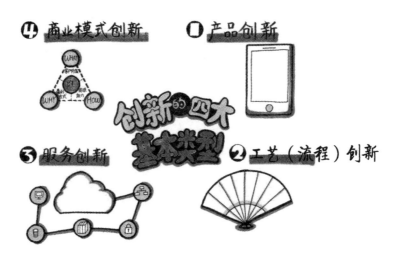

图 5-1　创新的四大基本类型

1. 产品创新

产品是有形的物品或原材料，从日用品（如牙刷）到工业材料（如钢管），所有这些都可以称为产品。产品创新主要源于市场需求，同时与组织的技术能力密切相关。在清晰市场需求后，组织需要明确产品技术的升级与研究方向，并通过技术创新活动，创造出适合这一需求的适销产品。例如，近年来广受消费者青睐的饮品"元气森林"就是将顾客追求健康的理念与气泡水的口感和代糖技术结合起来，历经三年研发推出的碳酸饮品。

2. 工艺（流程）创新

工艺（流程）创新是指生产和传输某种新产品或服务的新方式（如对产品的加工过程、工艺路线以及设备所进行的创新）。对制造型组织来说，工艺（流程）创新包括采用新工艺、新方式，整合新的制造方法和技术以获得成本、质量、周期、开发时间、配送速度方面的优势。产品创新的目的是提高产品设计与性能的独特性，而工艺创新的目的是提高产品质量、降低生产成本、提高生产效率、降低消耗与改善工作环境等。不少组织通过工艺创新既实现了组织的盈利，也提升了员工的工作满意度。

3. 服务创新

现代经济发展一个显著的特征是服务业的迅猛发展。当前，服务业在国民经济中的地位越来越重要，已成为世界经济发展的核心，是世界经济一体化的最大推动力。因此，越来越多的组织和服务行业开始进行服务创新，对服务系统进行有目的、有组织的改变，发展新的服务理念，以提高服务生产和服务产品的质量，降低企业的成本率。

4. 商业模式创新

管理学大师彼得·德鲁克曾经说过："当今企业之间的竞争，不是产品之间的竞争，而是商业模式之间的竞争。"商业模式是一种包含了一系列要素及其关系的概念性工具，它描述了组织能为客户提供的价值以及组织的内部结构、合作伙伴网络和关系资本等用以实现这一价值并产生收入的要素。对商业模式的创新，就是对目前行业内通用的为顾客创造价值的要素方式提出挑战，力求满足顾客不断变化的要求，为顾客提供更多价值，为组织开拓新市场，吸引新客户群。例如，与传统书店相比，当当网就是一种商业模式创新。

（三）创新的层次

很多人一提到创新，第一时间想到的就是技术上的突飞猛进，如芯片工艺的提升，载人飞船的发射。然而，创新并不是只包括开天辟地式的表现，还有很多一点一滴的变化，微小变化也是创新的重要组成部分。根据创新的层次不同，可以分为渐进性创新、突破性创新和破坏性创新（见图5-2）。

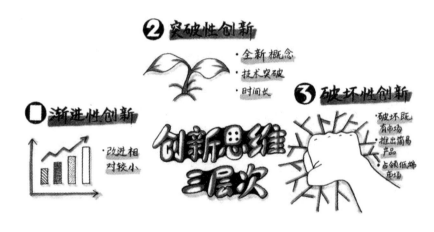

图 5-2　创新的三个层次

1. 渐进性创新

渐进性创新是指，在原有技术轨迹下，对产品或工艺流程进行程度较小的改进和提升。一般认为，渐进性创新对现有产品的改变相对较小，能充分发挥已有技术的潜能，并经常能强化组织现有的优势。虽然渐进性创新对于组织盈利状况的影响往往相对较小，但通过渐进性创新，组织能够显著提高顾客满意度，并增加产品或服务的功效，由此也可以产生正面的效用。

2. 突破性创新

突破性创新是导致产品性能主要指标发生巨大跃迁，或对市场规则、竞争态势、产业版图具有决定性影响，甚至导致产业重新洗牌的一类创新。这类创新需要全新的理念与重大的技术突破，往往需要优秀的科学家或工程师花费大量的资金，历时 8 ~ 10 年或更久来实现。这些创新常伴有一系列产品创新与工艺创新，以及组织创新等。

3. 破坏性创新

破坏性创新是一种与主流市场发展趋势背道而驰的创新活动。组织在利用新技术或融合各种已有技术的基础上，破坏既有市场，推出更简单、更便利、更便宜的产品，提供给要求不高的新顾客。其特点是通过先占领低端市场或新市场，来拓展现存市场或开辟新的市场，部分替代或颠覆现存主流市场的产品或服务。

二、领导的创新性思维

（一）创新性思维的概念

现代组织的经营犹如逆水行舟，不进则退。每个组织都必须适应客观环境的变化，不断创新，才能保持旺盛的生机和活力，才能在激烈的竞争中求得生存和发展。自主创新能力构成了组织的核心竞争力，既有利于自身的发展，又支撑了国家的创新战略。所以面对激荡变化的市场环境里各种不确定和复杂性，拥有创新思维的领导力的管理人才可以帮助企业和组织变革。

同创新一样，创新性思维也是一个复杂的系统过程，是以敏锐的目光从多角度思考问题，开发（开拓）一个新的思想、观点、知识，并产生产品、技术、方法、制度、流程、形式等新的成果形式的过程，是一种因时因地制宜、知难而进、开拓创新的科学思维。

成功的领导者无不是思维创新者，领导创新的重要性居于一切创新之首。对于领导者来说，其管理环境是复杂的，会不断产生新情况、新问题、新矛盾，因此，领导者不能思想僵化、脱离日新月异的现实形势；不能墨守成规、拘泥于旧的思维定式，而是要以创新的思维指导渐进性、突破性甚至是破坏性创新内容的产生，并正确应对。

（二）创新性思维的误区

当今，人人都在谈创新，对创新的渴望也越来越强烈。然而，对创新的追逐也会导致领导者钻牛角尖，从而对创新进行错误的解读与理解。以下汇总了领导者创新性思维的四个误区：

1. 创新就是颠覆式技术创新

有些领导者认为创新只是技术上的创新，只有生产过程中应用新技术，或通过新技术带来新产品才能被称为创新，尤其是一些具有颠覆性效果的技术更被视为创新的核心指标。然而，这种想法是片面的，技术创新只是创新的一种形式。除技术创新之外，还有市场创新、战略创新、组织创新、商业模式创新等多种形式。同时，古往今来，颠覆式的创新成果只是沧海一粟，不能因为追求这一成果而忽略微创新。其实正是由于微小改变不断发生，颠覆式创新才可能产生。

2. 创新是少数人的事情

20世纪前半叶,创新性思维被认为是天才专有的神秘天赋。20世纪60年代后,人们才逐渐树立起一种较实际的观点,认识到创新性思维是每个正常人都可以拥有的普遍思维形式。因此,领导者要秉持一种理念,即每位员工都有创新的潜力,每一个个体都可以成为创新的主体。组织中的创新并不只是科学家、高级技术人才等的职责,而是对所有利益相关者共同的行为要求。

3. 创新是高风险、见效缓慢的活动

创新并不只是像生物制药、基础研究的组织所做的那样,经历数十年的高投入才有可能获得收益。事实上,高投入、高风险、见效慢的创新活动仅仅是创新的一小部分,诸如产品与服务的设计改进、商业模式变革、资源要素重新组合等都可视为创新。例如,山西多家公司就将红枣与核桃这两种食品进行组合创新,推出新产品枣夹核桃,开辟了新的市场。

4. 创新与管理无关

有些领导者认为创新是随机的、偶然的,是个人的灵感乍现,因此与管理行动无关。然而,要成功激发员工的创新性思维,并将其创意转化为创新行为,进而实现商业价值,就需要有效地实施创新管理。比如,有的领导者变革组织结构与创新文化,使组织的结构更具柔性与包容性,这样员工就可以跨部门或跨职能地展开创新活动,而不畏惧创新失败带来的风险。

第二节　自我训练创新性思维

引领团队与组织进行创新的前提，是领导者自身具备创新性思维。创新性思维可以分为产生创新想法和将想法落地这两部分。前者需要发散式思考，以形象思维为基础，围绕一个中心问题，进行多方面、多角度、多层次、多结构的思考，不追求解决问题的唯一正确答案；后者需要聚焦问题，收敛思维和敢于决策，这就要求领导者既要善于听取他人意见，又要抓住主要矛盾，通过比较、筛选、组合和论证的方式，得出实现创造性想法的最佳方案。虽然创新性思维具有一定的抽象性，但经过长期的研究，其训练方法也逐渐成熟。下面就是两种行之有效的训练方式。

一、获取创意的六种思考方式

创新的首要步骤是产生创意。美国著名心理学家理查德·保罗（Richard Paul）和琳达·埃尔德（Linda Elder）总结了创新性思维的过程：产生目的、提出问题、运用信息、利用概念、做出推理、做出假设、得出结果、体现观点。这些步骤可以总结为 TEC 模型，包括 Target（目标）、Environment（环境）、Creative Thinking（创造性思考）三部分，即处在一定的环境中，运用创造性思考的方法，产生新想法，突破重重障碍，最终实现目标的过程。本书选取 TEC 模型中创造性思考的部分（见图5-3），来帮助领导者自我训练新想法和新创意的产生。熟练后，领导者可以将这种思考方式传递给下属，从而提升团队的创意产出水平。

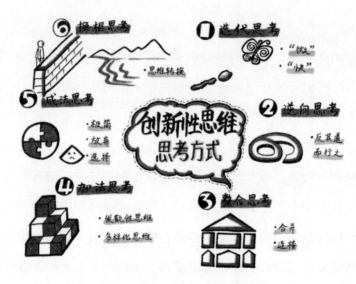

图5-3　获取创意的六种思考方式

（一）迭代思考

迭代思考是指通过逐步并频繁的微改变来实现创新。迭代最初是源于数学领域的一个专有名词，是指将初始值经过相应公式进行计算后得到新的值，并通过相同方法对新的值进行计算，经过几次反复计算后得到最终结果的一种方法。任何事物经过几次迭代之后都会蜕变成新的事物，这一思维方法被称为迭代思考。

迭代思考的核心是"微创新+速度快"。"微"，要从细微入手，从细节着眼改变。一个可能看起来不起眼的点，也有可能带来质的飞跃。

"快"，要从时间和数量入手，速度快，重复次数多，不断完善新方案。此外，我们也可以进行内容迭代、方式迭代，不同的应用会有不同的发现。

（二）逆向思考

逆向思考是对司空见惯的、似乎已成定论的事物或观点求异思考的一种方式。逆向思考一般用来处理常规思路难以解决的问题，思维过程中要求思维向对立面延伸，即从问题的相反面进行探索。逆向思考是创新性思维中比较特殊的方式，它的思考取向总是与常人相反，敢于"反其道而思之"，人弃我取，人进我退，人动我静，人刚我柔。人们习惯于沿着事物发展的正方向去思考问题并寻求解决办法。其实，对于某些问题，尤其是一些特殊问题，从结论往回推，倒过来思考，从求解回到已知条件，反过去想或许会使问题变得简单化。值得注意的是，逆向思考并不是主张人们在思考时违逆常规，不受限制地胡思乱想，而是提供一种发现问题、分析问题和解决问题的重要手段。

（三）整合思考

整合思考是指把多项貌似不相关的事物或观点通过合并加以连接的思维模式。人类一出生就拥有了对立性大脑，能够同时容下两个相互矛盾的想法，并带来建设性的辩证思考。然而，并非所有人都能正确对待矛盾。比如，我们在面对相互对立、看似不可调和的业务模式时，会不知所措。此时我们的第一反应，往往是通过排除法来确定哪一个模式是"正确的"，哪一个模式是"错误的"。我们甚至会采取鲜明的立场，努力证明我们选择的模式比另外一种模式更为优越。这种强迫性的二选一，相当于放弃了寻找更有创意的解决方案的机会。整合性思考的核心是放弃"非此即彼"的选择，利用两种对立观点之间的矛盾来寻找一条更好、更有创意的解决方案，主要精髓在于将零散的要素组合在一起，最终形成有价值、有效率的整体。

（四）加法思考

加法思考是指在原有基础上，通过使用各种方法来扩展和叠加思考的宽度。加法是数学中最基本和简单的一种运算。从表面看，加法思考似乎很单一、很简单，但能够发明出具有附加价值的新产品，达到"1+1>2"的效果。加法思考的主要表现形式就是扩展和叠加，其中融合了发散性思维和多样化思维。生活中，加法思维无处不在，如果细心观察，就会发现许多加法思维的成功运用。有人对普通手杖进行主体附加改装，使其具有挂杖助行、照明、按摩、磁疗、报警、健身、防卫等多项功能。带有滑梯和储物柜的儿童双人床，不仅实用性强，还具有娱乐性，可以极大地吸引孩子的兴趣。带闪光灯的照相机，安装有载物架、车筐、打气筒的自行车，手机增加摄像头拍照功能等，都是加法思考的成功运用。

（五）减法思考

奥卡姆的剃刀原理是科学界的经典理论，其含义是"如无必要，勿增实体"，今天已经广泛应用到管理学界和经济学界。这一原理在寻求创新时十分适用，主要体现在减法思考上。

减法思考是指敢于放弃，善于选择，用最简便的思考方式，直奔问题的实质。"减法"包括三方面的内容，或者将一件东西缩小，或者将其减去什么，或者减少其出现的次数。如果运用得当，能产生新的功能。哈佛大学管理课程中有这样的观点：在某一产品中增加一个部件的同时如何减少成本？最好的办法是：考虑能否不要这个部件；其次是能否改观现有的部件来增加相应的功能；实在不行，再考虑如何减少制定该部件的成本问题。据此，我们可以明白，减法思维的精髓是在扬弃中获得更大的利益。

（六）换框思考

我们的头脑看待事物，就像照相机拍照片一样，在聚焦的同时，也有了取景框。我们只看到框里的景象，而忽略了框外的物体。所谓"一语惊醒梦中人"，是因为语言点中要害，指向了框外的部分，让梦中人发现了自己的局限。

换框思考也叫思维转换，是指打破并跳出原有的思维框架，从全新的角度思考问题的一种方式。换框思考的"框"指的是信念与价值观，框架越广，所制定的思维蓝图内容就越丰富。在更换框架的同时也开阔了视野范围。正确使用换框思考，可以帮助我们形成一种新的信念与价值观，跳出束缚看待问题，从而将原本无关的内容转换成具有价值的产品，实现创新。

二、六顶思考帽协助创新内容形成

创意落地的最大障碍就是混乱。在将创意转化为创新成果的阶段，人们往往会顾及许多方面，既要关注事实，又要符合逻辑关系，同时还不能忽视感情因素，因此总是造成思想和行为上的混乱，这在团队商讨的过程中尤为明显。在团队试图应用新的想法解决问题时，成员总是会进行无序的争辩，极大地影响了创新的效率。

对此，剑桥大学医学博士爱德华·德·波诺（Edward de Bono）开发出一种平行思考问题的方法——六项思考帽法（见图5-4），其目的在于避免思维混乱，防止冲突矛盾。按六项思考帽的方式，思考者要学会将逻辑与情感、创造与信息等区别开来，一次只戴一顶帽子，一次只用一种方式进行思考，这样，一个人在一段时间里就只有一种思考模式，而不是在某一时刻不同的人从不同的角度思考。这种方法强调的是"能够成为什么"，而非"本身是什么"，是寻求一条向前发展的路，而不是争论谁对谁错。运用六项思考帽法，将会使混乱的思考变得清晰，使团队中多种想法的争论变为可实施的方案。

图5-4　六项思考帽法

（一）白色思考帽

白色是中立而客观的，代表信息、事实和数据。努力发现信息和增强信息基础是思维的关键部分。使用白帽思维时将注意力集中在信息上，要牢记三个问题：我们现在有什么信息？我们还需要什么信息？我们怎么得到所需要的信息？这些信息的种类既包括确凿的事实、需要验证的问题，也包括组织中的传闻以及个人的观点等。如果出现了意见不一致的情况，可以简单地将不同的观点平行排列在一起。如果这个有冲突的问题尤其重要，也可以稍后对它进行检验。白帽思维像电脑那样提出事实和数据；用事实和数据支持一种观点；为某种观点搜寻事实和数据；信任事实和检验事实；处理两种观点提供的信息冲突；评估信息的相关性和准确性；区分事实和推论；明确弥补事实和推论两者差距所需的行为。

（二）红色思考帽

红色的火焰，使人想到热烈与情绪，延伸到管理中则代表的是对某种事态或观点的预感、直觉和印象，这既不代表事实，也不代表逻辑思考。因此红帽思维与象征不偏不倚的白帽思维相反，红帽的问题是：我对这件事的感觉是什么？红帽思维就像一面镜子，反射人们的一切感受。在使用红帽思维时，将思考时间限制在 30 秒内，之后就给出答案。使用红色帽子的思考者不必提出理由和根据，要做的只是直接明了地表达自己的感受。这种感受包括两类，一类是普通的情感，包括不喜欢、怀疑、恐惧等，另一类是较为复杂的感觉，如直觉、预感、审美等，只要是属于这两类的感觉，都可以在红帽思考阶段充分表达出来。

(三) 黑色思考帽

黑色是逻辑上的否定，象征着谨慎、批评以及对于风险的评估，使用黑帽思维的主要目的有两个：发现缺点，做出评价。因此，戴上黑色思考帽后，首先需要把注意力集中在值得警惕的事物上，指出思考中有什么错误？这件事可能的结果是什么？其次，要对这些可能的错误进行评价，这些问题是不是不应该发生呢？黑帽思维有许多检查的功能，我们可以用它来检查证据、逻辑、可能性、影响、适用性和缺点。黑帽思维可以让我们做出最佳决策；指出遇到的困难；对所有的问题给出合乎逻辑的理由。

(四) 黄色思考帽

黄色代表阳光和乐观，代表事物合乎逻辑性、积极性的一面。黄帽思维追求的是利益和价值，是寻求解决问题的可能性。在使用黄帽思维时，要时刻想到以下问题：有哪些积极因素？存在哪些有价值的方面？这个理念有没有什么特别吸引人的地方？这样可行吗？通过黄帽思维的帮助，可以让我们深思熟虑，强化创造性方法和新的思维方向。当说明为什么一个主意是有价值的或者是可行的时，必须给出理由。黄帽的问题是"优点是什么"或"利益是什么"，它既不是红色思考帽那种纯粹的积极乐观情绪，也不是绿色思考帽那种直接的创新想法，它关心的是如何操作，如何让事情成功。

（五）绿色思考帽

绿色是生命力的颜色，是充满生机的，绿帽思维不需要以逻辑性为基础；允许人们做出多种假设。戴上绿色帽子的人必须提出创造性的意见，其余的人则必须将此人的意见看成是创造性的。最理想的情况，就是听者和说者都戴上绿色的思考帽。使用绿帽思维时，要时刻想到下列问题：我们还有其他方法来做这件事吗？我们还能做其他事情吗？有什么可能发生的事情吗？什么方法可以解决我们遇到的困难？绿帽思维可以帮助寻求新方案和备选方案，修改和去除现存方法的错误；为创造力的尝试提供时间和空间。绿帽思维激发行动的指导思想，提出解释，预言结果和新的设计。使用绿帽思维，我们寻找各种可供选择的方案以及新颖的念头。

（六）蓝色思考帽

蓝色思考帽是"控制帽"，掌握思维过程本身，被视为"过程控制"。蓝帽思维常在思维的开始、中间和结束时使用。我们能够用蓝帽来定义目的、制订思维计划，观察和做结论，决定下一步。使用蓝帽思维时，要时刻想到下列问题：我们的议程是怎样的？我们下一步怎么办？我们现在使用的是哪一项帽子？我们怎样总结现有的讨论？我们的决定是什么？蓝帽思维可以发挥思维促进者的作用，集中和再次集中思考，处理对特殊种类思考的需求，指出不合适的意见，按需要对思考进行总结，促进团队做出决策。蓝色思考帽监督思考的过程，并确保人人遵守游戏规则；蓝色思考帽可以阻止争论，并坚持绘制地图式的思考，也可以偶尔打断讨论的进行，要求使用某顶思考帽。也可以设定一个按部就班的思考方式，就像舞蹈家编排舞步。但是，即使蓝色思考帽已经指定被某人戴上，其他人还是可以提出评论和建议的。

使用六顶思考帽没有固定的顺序，每一顶帽子都可以反复使用，更没有孰轻孰重之分，完全依据思考者的目标、条件和智慧。值得注意的是，在使用这种方法时，要理解每顶帽子的含义，坚持引导，每次只戴一顶、只从一个方向去思考，每次最多戴4分钟。同时，六顶帽子并不是对思考者的分类，而是所有人都要同时向一个方向思考。在训练自身创新性思维落地，或带领团队进行创新成果转化时，领导者可以根据具体情况制定合理的使用顺序，从而增加建设性产出，充分研究每一种情况和问题，创造超常规的解决方案。

第三节　运用创新性思维推动团队创新

在第二节，我们了解如何训练自身和团队的创新性思维，即产生创意和转化创新成果的方法。在使用这种方法时，我们会遇到很多的挑战，尤其是当下属出现低创新意愿或害怕创新失败等具体问题时。本节从点滴推动创新、敢于创新和人才激励三个角度出发，提出激发员工创新意愿的具体管理措施（见图5-5），助力领导者带领员工进行创造性思考。

图 5-5　运用创新性思维推动团队创新的方法

一、点滴推动创新

（一）积累创新经验

创新并不是把新和旧对立起来；相反，创新大多是过去的延伸。无论是渐进性创新，还是突破性创新，都需要经验的积累。如果没有扎实的基础，所谓的创新就只是胡思乱想。创新性思维要求领导者在工作中重视微小的创新进步，奖励员工的微创新行为，并记录其中的经验。这种积累终有一天能够为产品和服务的卓越创新提供思路，由量变发展到质变，从微创新实现超越。

中国国际海运集装箱（集团）股份有限公司（以下简称中集集团）

一直以来坚持对工艺进行持续的改进和创新。中集集团于20世纪90年代后期引进具有世界领先水平的德国生产技术，并在其基础上不断进行开发和创新。例如，通过把原来照搬德国的生产线与流程进行优化，原来1万箱的设计生产能力，优化后，在同样面积的厂房空间中产能达到2.5万箱，大大提升了生产效率和效益，中集集团也在这一阶段积累了很强的工艺创新能力。伴随着时代的进步与行业的发展，单纯的工艺改进难以适应企业创新发展的需求。凭借着在微创新中积累的经验，中集集团在深圳东部建设了一条全新的集装箱生产线，他们将之命名为"梦工厂"，几乎集成了集装箱生产领域所有最先进的工艺和技术，重新搭建了一整套自动化制造执行系统，最大限度地实现了整个生产系统的物料闭路循环。中集集团"梦工厂"成为中国重体力、高污染、高能耗产业如何由粗放制造向精益制造转变的典范。

（二）持续性投入

想要保证组织的创新能力，持续性创新投入是不可缺失的一环。在1998年颁布施行的《华为基本法》第二十六条，明确规定了华为的研发投入力度，"我们保证按销售额的10%拨付研发经费，有必要且可能时还将加大拨付的比例"。虽然这一投入比例并不是组织共行的准则，但创新投入与组织成功的关系在华为身上得到了淋漓尽致的体现。因此，其他追求创新的组织也要进行持续性的创新投入，虽然短期内可能看不到成果的产出，但这种投入能够创造机会，并逐步建立自身的核心知识和能力。当然，创新投入并不只是科研投入，只要以鼓励创新为目的，对人力资本投入，对工作环境投入等都是创新投入的组成部分。

（三）营造创新氛围

组织氛围是影响员工思考模式和行为方式的重要途径。习近平总书记在谈论鼓励创新时指出："在全社会积极营造鼓励大胆创新、勇于创新、包容创新的良好氛围。"组织氛围的建立与领导者的行为密不可分，当领导者在管理和沟通中展现出尊重创新行为，反对因循守旧的态度时，组织内部才会形成崇尚创新的氛围。另外，氛围也需要组织制度加以明确与固定。领导者要规定对不同创新行为的奖励程度，根据成果发放奖励，对于重大创新成果，提供超额奖励。

二、敢于创新

（一）鼓励冒险

当今，创新思维覆盖的时空越来越少，创新的生命短得惊人。如在微机领域，创新思维更新多则一年半载，少则一两个月。以往那种一个创新思维能覆盖几十年、几百年时空的历史已经一去不复返了。因此，面对创新的可能机会，领导者不能犹豫不决，错失时机，更不能敏于思而怯于行，而是要敢想敢为，为下属做出行动的表率。同时，领导者也要培养下属敢于冒险、不怕挫折的精神，鼓励冒险和尝试。当然，不是任何形式的冒险都是被鼓励的，其方向一定是符合组织发展的战略方向。

（二）容忍"健康"失败

"健康"失败是指那些付出了真诚努力的失败。在一个"动辄得咎"的环境里，失败会给员工留下阴影，从而抑制后续的创新意愿，空有能力却不愿施展。创新性思维要求领导者容忍失败的行为和结果，建立宽容失败的容错机制，对"健康"的失败不惩罚，甚至采取鼓励和奖励的手段，让员工卸下"思想包袱"，缓解失败后的紧张感、负罪感，从而愈战愈勇，愈败愈勇，在失败中完成创新。

（三）巧用竞争与合作

两个团队同时做一件事情是否可行？一般情况是不推荐的，因为这是一种资源的浪费，也可能伤害内部的氛围。然而，当组织已经成长起来，有一定资源积累时，内部竞争就可以使用，而且是推动创新的有效手段。具备创新性思维的领导者明白，竞争与合作是矛盾的统一体。没有竞争，创新就失去了一个重要的原动力。同样，没有合作，创新又会走向机械和僵化的末路。竞争为员工提供了自我实现的压力和你追我赶的动力，促使其"杀"出一条成功的创新之路。在创新路径显现后，合作就成为主旋律，所有团队共同努力，完善创新成果。可以说，只有形成竞争中的合作与合作中的竞争，创新才能保持强大的生机与活力。

三、人才激励

（一）远大的志向

志向是一个人立志为社会做出贡献的程度，决定着创新性思维的高度。领导者有无远大的志向、是否立志于开发革命性的新产品、变革组织的运营模式，甚至推动社会的跨越式发展，对其创新思考的意愿和创新的持久程度都具有决定性的影响。同样，对于员工来说，远大的志向也能够驱动其创新意愿，如果员工认为创新遥不可及，只愿"当一天和尚敲一天钟"，那么创新也无从谈起。因此，领导者要帮助员工描绘未来愿景，形成"顶天立地"的成果期望，依靠这种目标引领，推动员工创造性思考。

"活着就要改变世界"是乔布斯的信条。在重回苹果公司、担任CEO后，乔布斯将所有的高管召集起来，做了一次激情洋溢的演讲。苹果公司的首席设计师艾维至今仍然记得，乔布斯在演讲时宣布苹果公司的目标不仅仅是赚钱，而是制造出伟大的、改变世界的产品。这一目标深刻感动了在场所有的高管，创新、创造出完美的产品成为所有人的目标。

在苹果公司重新设计广告时，乔布斯相中了"与众不同"的主题。其广告语："谨献给那些狂人们。他们特立独行，他们桀骜不驯……你可以支持他们，质疑他们，颂扬他们或者是诋毁他们，但你唯独不能忽视他们的存在，因为他们改变了寻常事物，他们推动人类向前迈进。或许他们在一些人的眼里是疯子，但他们在我们的眼里却是天才。因为只有那些疯狂到以为自己能够改变世界的人……才能真正改变世界。"苹果公司的广告不仅向世界传达出公司的远大目标，也帮助员工再次强化愿景，树立目标荣誉感。

（二）打造利益共同体

在过去，组织与人的关系是货币资本与人力资本的线性关系，是老板与打工者的关系。这种关系中，资本是强势的，资本雇佣劳动，经营者与员工之间是一种剥削与被剥削的关系。因此员工会有不平等感，这尤其会抑制高水平、高技能员工的付出意愿。人力资本是组织价值创新创造的主体，当传统的线性雇佣思想无法激发人才的创造力时，就要考虑赋予他们一定的经营决策话语权，与员工共同分享组织创造的成果，打造利益共同体，让员工成为创新成果的主人。

（三）给予更大自主权

"大企业病"是组织发展到一定规模产生的特殊现象。在这一时期，行政机构会像金字塔一样不断增多，行政人员会不断膨胀，工作流程越来越复杂，每个人都很忙，但是组织整体的运行效率却越来越低下。过多的行政机构和管理流程使员工忙于程序性、事务性的工作，导致他们没有时间和精力去思考，并尝试创造性的内容。因此，领导者要将员工从条条框框中解脱出来，不用规章制度捆绑他们的行为，特别是要给予创新型人才更多的信任、更好的帮助、更有力的支持。

创新性思维如图 5-6 所示。

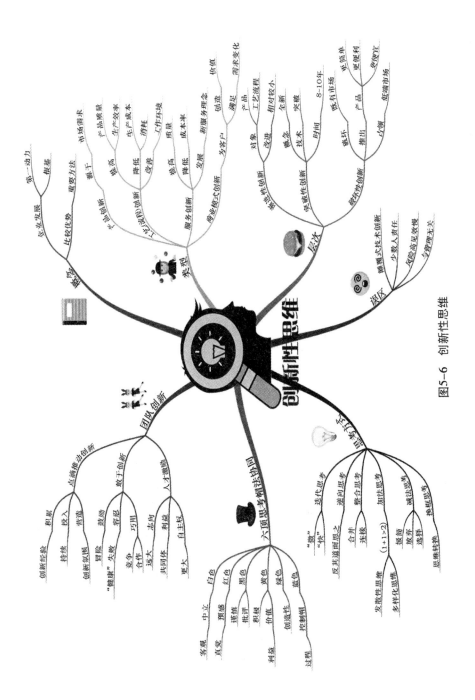

图5-6　创新性思维

参考文献

［1］陈劲，郑刚．创新管理：赢得持续竞争优势（第三版）［M］．北京：北京大学出版社，2016．

［2］丁雪峰，徐斌．创新领导力［M］．北京：中国劳动社会保障出版社，2018．

［3］谢炀．创新思维对于提升领导力的重要性和培养途径［J］．中小企业管理与科技（下旬刊），2020（10）：102-103．

［4］徐斌，石丹阳．人才创新思维［M］．北京：中国人事出版社，2016．

［5］卓建国，吴波．浅谈提升领导干部的创新思维能力［J］．安徽行政学院学报，2020（3）：19-23．

［6］张颖超，亓元．领导者运用创新思维易陷入的误区及其矫正之策［J］．领导科学，2021（19）：93-96．

［7］招商局集团公司治理与管理模式课题组．招商局集团：公司治理与管理模式探索与实践［M］．北京：机械工业出版社，2020．

第六章

协同性思维

赛马机制的落幕，协同成为主流①

　　动物学家曾做过一个试验：如果把螃蟹单独放到不高的水池里，大多能自己爬出来，但是同时放入很多螃蟹，它们就会叠罗汉，总有一个在上边，一个在下边，这时底下的螃蟹会拼命爬出来，并且开始拉上面螃蟹的腿，结果谁也爬不高。同样，钓过螃蟹的人都知道，竹篓中进入一群螃蟹，不必盖盖子，螃蟹是爬不出来的。因为有两只以上螃蟹时，每一只都争先恐后地朝出口处爬。但篓口很窄，当一只螃蟹爬到篓口时，其余的螃蟹就会用威猛的大钳子抓住它，最终把它拖到下层，由另一只强大的螃蟹踩着它向上爬。如此循环往复，没有一只螃蟹能够成功逃出，这种现象就是"螃蟹效应"。同样，在组织的

---

　　① 资料来源：《协同：数字化时代组织效率的本质》——陈春花、朱丽

团队中，员工们也会因为利益划分和观念差异而形成不同的小团体，这些小团体有着自己的利益诉求和行为想法，有的只关注自身利益，却忽视了团队的利益；有的只顾眼前目标，却忽视了长远目标；有些员工甚至在工作中相互拆台，扰乱了整个项目的进度，使团队发展止步不前。这种职场中的"螃蟹效应"产生了"1+1<2"的结果，使成员逐渐丧失前进的动力。

与"螃蟹效应"类似的是"赛马机制"，这种机制曾是腾讯成功的法宝，它鼓励团队之间相互竞争，并向脱颖而出的团队倾斜大量资源，微信就是"赛马机制"的产物。2010年，市面上出现了一款名为Kik的应用，上线仅15天就收获了100万用户，这让腾讯意识到了这类App的潜力，并开始着手布局。当时腾讯内部有多个团队同时研发此类产品，不过每个团队的设计理念和实现方式都不相同。最终，张小龙带领的团队以一个多星期的时间优势及产品优势胜出，至此"微信"应运而生，随后得到了大量的资金和人员支持，而其他团队的设计则被放弃。

虽然"赛马机制"成就了微信，但它的弊端也不断显现。首先，"赛马机制"使团队相互"钳制"，有些团队为了自身利益最大化，构筑了信息堡垒，使其他团队难以共享最新的知识和经验。例如，A团队已经在某一领域取得了技术成果，但B团队并不知道这一信息，甚至知道信息也无法从A团队得到技术指导，需要自己从零开始进行研发。这种行为就造成了大量的资源冗余与浪费，形成"信息孤岛""知识孤岛"和"资源孤岛"现象。虽然"微信"是腾讯内部最快成型的产品，但研发速度却落后于小米公司的"米聊"，不得不说这受到了信息孤立的影响。其次,"赛马机制"也使员工之间的关系变得紧张,特别是不同团队的成员会相互猜忌、防范,甚至发生摩擦。当需要抽调员工组建新团队时,之前不愉快的经历会加剧团队"破冰"的难度,从而增加了团队内部的沟通成本,阻碍了团队凝聚力的形成。最后,"赛马机制"还会损害员工的情感价值,因为内部竞争中的失败更容易让员工心灰意懒,并对组织制度产生不满。2018 年年底,腾讯高级执行副总裁汤道生宣布在"云与智慧产业事业群"(CSIG)放弃实行"赛马机制",而是鼓励不同团队进行深度融合,协同打造解决方案。

在"赛马机制"已有如此多成功案例的情况下,腾讯内部毅然决然转向协同机制,这就体现出了协同的重要性与迫切性。汤道生认为,客户越来越多元化的需求要求组织把所有的力量凝聚起来,也就是需要大家合力而行,共同思考。

第一节　了解协同性思维

组织是人们为实现一定的目标,互相协作结合而成的集体或团体。可以说,组织诞生之初就决定了其运转离不开多人的协作,高效率的运转更需要高水平的协作,这就对领导者的协同思维提出了要求。与创新性思维一样,协同性思维在 5T 火箭领导力模型中也处于尾翼的位置。员工间的协同工作无疑能够像尾翼一样,稳定住整体领导力模型的运行，为其他领导思维提供效率保证。

一、什么是协同

（一）协同的概念

协同是一项以协调与合作为核心的动态活动。《说文》对其的解释是："协，众之同和也。同，合会也。"当两个或者两个以上的员工相互配合、相互激励，一致地完成某一目标时，协同就产生了。在组织中，协同强调借助集体行为强化自身和协作伙伴的能力来完成共同的目标，从而形成组织成员之间彼此啮合、相互依存、风险共担、利益共享的合作局面。

协同并不是新生事物，它是随人类社会的出现而出现，并随着人类社会的进步而发展的。从远古时代的狩猎活动，到现在的组织活动，都有协同的身影。由于社会分工的精细化，人们面对的问题也越来越复杂，这就要求不同背景、不同能力、不同性格的人相互配合，群策群力地解决问题。现在，协同不仅包括人与人之间的协作，也包括不同数据资源之间、不同应用情景之间、人与机器之间、科技与传统之间等全方位的协同。2020 年 12 月 17 日，嫦娥五号返回器携带月球样品在内蒙古安全着陆。习近平总书记在贺电中指出，"希望你们大力弘扬追逐梦想、勇于探索、协同攻坚、合作共赢的探月精神"。习近平总书记的话集中概括了协同在团队任务攻坚中的重要性。

（二）协同的要素

无论任何类型的团队，在进行协同的过程中，一定会与图 6-1 中的五个要素产生深刻的关联。

图 6-1　协同的五个要素

1. 效率

效率是团队协作最重要的基础，也是团队协作的最终目的。在协作的过程中，团队汇集了不同能力、素质的员工。协同的目的就是让大家可以取长补短，思维碰撞，从而高速、高质量地完成任务。

2. 沟通

有人的地方就会有沟通。沟通的通道、方式和历史记录是团队成员间交换意见、想法和建议的媒介。成功的协作过程主要依靠畅通的沟通。在信息化迅猛发展的今天，沟通不仅局限于面对面的谈话，还包括利用电子信息技术进行远程沟通。如受到新冠肺炎疫情的影响，我们的很多会议转移到了网络上，大家开始逐渐习惯使用远程沟通模式。

3. 分享

团队协作本身就是取长补短、相互激发的过程。因此，在协作过程中，团队成员需要将自己的知识和观点分享给大家，这种分享既可以通过教学和谈话来温和地进行，也可以通过争论和冲突来实现。此外，在数字化发展的今天，打造资源中心池也是团队分享的一大途径。

4. 记录

沟通的内容、分享的知识和团队讨论的结果都需要记录起来，以形成团队的知识库。记录本身是对团队知识的进一步深化，也是对团队知识财产的保护。未来团队再遇到类似问题时，就可以根据记录来借鉴过去的经验。此外，通过记录，团队也不用担心因成员离职而产生的知识断裂。

5. 动态

正如协同的概念所说，协同是一个动态过程。不仅团队的构成是动态的，团队成员的行为也是动态的，只有动态才能保证团队一直处于运转中，并在复杂多变的环境下及时解决问题。

（三）协同的流程

在了解协同的概念后，我们就需要明白如何开启协同。一般来说，协同是交流、决策、行动和反思这一循环往复的过程（见图 6-2）。每一个新的循环都得益于前面循环的成果，循环持续进行，直至取得预期结果为止。协同的具体步骤如下：

1. 认识到协同的必要性

协同始于认知，只有当员工认识到必须与他人合作才能完成任务时，才会开始协同工作。如果员工没有认识到协同的必要性，认为自己能够独立工作，那么即使领导强迫他参加团队决策，也不会取得期望的

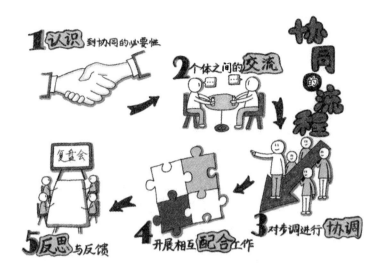

图 6-2 协同的流程

结果。

2. 个体之间的交流

交流是协同的主要表现形式，通过沟通交流，员工交换了意见，表明了态度，为最终决策奠定了基础。在这一步骤中，团队成员主要从自身的角度出发，提出自己认为最有效的观点，虽然这可能会引发团队内部的争论，但争论的声音越大，最终的决定就会越完善。

3. 对步调进行协调

协同是整体活动，在了解每位成员的观点后，不能听之任之，让每个人都按照自己的想法行动，这就失去了协同的意义，回到单打独斗的状态。此时，领导者就要对团队的步调进行调整，引导团队成员互相了解对方的想法，从不同的观点中找到共同点，并鼓励采取一致的行动。

4. 开展相互配合工作

确定了一致的方案后，团队成员要互相扶持，根据其他成员的工作进度进行调整，发挥自己的优势，帮助其他成员。这种相互配合真正体现了团队的意义，使团队成为一个整体，配合得越好，团队就越具有凝聚力。

5. 反思与反馈

在配合工作完成后，团队的决策行动也就进入了尾声。当然，任务完成并不意味着协同工作就此结束，团队此时要进行反馈和反思，可以是认可彼此取得的工作成绩，也可以就今后如何把工作做得更好提出改进建议，这样才能持续提升团队的协同能力，更好地为下一次工作做好准备。

二、领导的协同性思维

（一）协同性思维的概念

协同性思维是领导在分析团队内外形势的基础上，合理分配现有资源，遵循信息高效沟通和共享原则，进而统筹、引导和协调组织成员实现共同目标的思维方式。从领导主体的角度来看，协同性思维涉及系统内各要素的相互作用，是领导者应该具备的核心能量。从领导对象的角度看，协同性思维主要通过组织或团队成员的行为来体现，协同体现了协调与合作，着重强调领导者与员工之间的双向互动过程，以及组织内部员工之间的横向影响和参与度。

（二）开展协同性领导的能力要求

在瞬息万变的工作环境中，领导者不再是从前的独裁领袖，在组织中仅仅依靠领导者这一单一"火车头"提供的动力源也已不足以实现对组织的有效驱动。要实现组织的高效发展，领导者不仅要成为组织的引领者，还要成为组织的推动者和协调者，鼓励成员合作共事，相互配合，以动车组的多动力源来实现组织的高效发展。图 6-3 展示了协同性思维的领导者需要具备的五种能力。

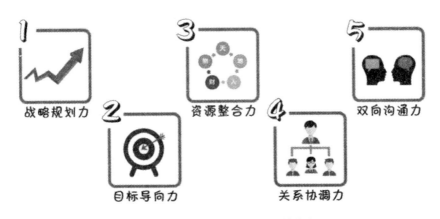

图 6-3　协同性领导者所需要的能力

1. 战略规划力

战略谋划的本质是一种着眼未来、预测并把握未来的前瞻能力，是根据外部环境和内部资源条件，制订涉及组织管理各方面的、带有全局性的长期计划，毛泽东同志曾经说过："没有预见就没有领导，没有领导就没有胜利。"在组织协同中，领导者要把握最终决策的总体方向，这就要求领导进行前瞻的思考，并实施到现实工作中来。

2. 目标导向力

目标一致、思想统一是实施协同领导的前提之一。在明确前进方向后，领导者需要将宏观的战略细化为多个具体而清晰的长短期目标，并将它传递给组织中的每个成员。凭借目标的导向，组织内部必然会形成一种心理相容、感情相投的环境，每个成员的积极性、主动性和创造性也会得到充分发挥。

3. 资源整合力

资源是一切可被人类开发和利用的人力、物力等客观存在的资产，具备协同性思维的领导者要有能力对组织中所有可利用资源进行统筹、协调和优化配置。在这些资源中，对人才资源的整合尤为重要，领导要了解组织成员的整体素质，将其与组织战略和任务进行匹配，实现"1+1>2"的效果。

4. 关系协调力

关系协调就是通过润滑成员关系从而促使各方可以更好地协同配合，完成工作目标。在一个组织中，成员往往有不同的背景和能力，且执行各异的工作内容，这是领导者协调组织成员的根本缘由。具备协同思维的领导者要成为各种要素、各个环节配置合理的"润滑剂"，帮助团队克服员工之间的冷漠、摩擦与冲突，凝聚组织成员的智慧与能力，发挥每一个员工的特长。

5. 双向沟通力

协同强调多方面的配合，沟通就是其中的桥梁。一般来说，领导者在谋划完目标的实施路径后，就要推动下属合作执行，这就涉及多方的沟通。下属在协同过程中会遇到争论，此时领导就要站出来进行引导和决定。此外，员工作为基层的执行者，在某些方面会比领导者掌握更多的信息，这也需要领导及时听取员工的意见。只有做好双向沟通才能提高协同工作的效率和最终的成功概率。

第二节　协同性思维的障碍

人是一种复杂的社会性动物，每个成员都有自己的思想和行为准则。因此，将人们组织起来进行协同工作就注定不是一帆风顺的。特别是协同性思维主要通过组织或团队成员的行为来体现，这一定会涉及具体的行为管理问题。本节将不同组织在协同过程中遇到的具体问题进行归纳，提出影响组织协同的六大障碍（见图6-4），为领导者分析组织或团队在协同活动中的问题提供参考。

图6-4　组织协同的六大障碍

一、缺乏信任

信任是合作的基础，没有信任，组织协作无从谈起。建立信任是一个长期过程，大部分组织并没有建立起这种信任，这既可能是由于组织形成的时间过短，缺少共同经历的积累，更有可能是领导者没有做到有意识地在组织内构建信任。缺乏信任的组织有很多表现。首先，组织成员倾向于隐藏自己的问题，遇到问题也不愿意向他人求助，长此以往，领导不了解员工的真实水平，员工的进步也十分缓慢。其次，员工会轻易对别人的用意和观点下结论，且这种结论往往是负面的，出于防范的目的，这会阻碍工作环节在组织内的流转。最后，缺乏信任的组织成员惧怕开会，不愿意经常面对对方，这一方面会让他们感到尴尬和不自然，另一方面又担心过多的交流会暴露自身的问题。

海底捞的高质量服务离不开信任的作用。在海底捞，一线服务人员拥有给客人先斩后奏的打折权和免单权，无论什么原因，只要员工认为有必要都可以给客人免一个菜或加一个菜，甚至免单，这是其他饭店经理才有的权力。这种权力的赋予来自员工之间的相互信任，更来自领导对一线员工的信任，餐厅其他员工配合服务人员的决定，按照他们的要求增菜、免单。这种信任让一线服务人员能够大展拳脚，灵活处理客户需求，从而缔造了服务神话。北京三店的王欢曾讲述自身经历："有一次来了5个客人，他们点了很多的菜，我估计他们肯定吃不完，但由于当时太忙就忘了告诉他们可以点半份菜，所以我就自己决定让厨房把肉菜都换成半份，厨房虽然看到要求和订单不同，但也配合了我的要求。

等菜上齐时，我问他们够不够，他们说够了，于是我和他们解释那些肉菜改成了半份，价钱也打折了，他们很高兴。"

二、惧怕冲突

在协同的过程中，员工之间需要进行大量的交流，由于不同员工的思考方式和知识结构不同，交流势必产生冲突。同样，在上下级的沟通中，领导与员工的想法并不总是一致的，当双方都坚持己见时，就会引起争论。大部分人是惧怕冲突的，认为冲突不利于组织发展，甚至是组织中的禁忌，因此会在工作中有意避免冲突。然而，回避并不是有效的方法，当组织成员没有当面表达不同意见时，他们可能会在背后表达不满，这对组织的危害比争吵还严重。此外，很多人认为避免思想交锋能够节省大量时间，从而提高工作效率，不过实际情况却大相径庭，回避争议并没有解决问题，而是搁置问题，员工会等到下次非解决不可的时候再重新提出，此时任何行动都为时已晚。

事实上，良好而持久的合作关系需要冲突来推动，这不仅存在于工作中，也体现在婚姻关系、亲子关系上。当然，能够推动协同的冲突一般都是积极的，我们要将积极的争论与消极的争论区分开来。积极的争论仅限于观点不同，不存在人身攻击，虽然也表现得非常激烈，具有情绪化，但这样做的唯一目的就是在短时间内找到解决方案，在观点的碰撞中解决问题，而消极的冲突只是发泄不满，对推动任务没有任何帮助。积极的冲突有利于激发员工创造性，打磨观点并进行优化分析，争论结束后，他们也不会残留不满情绪，而是快速投入下一项工作。因此团队在协同工作的过程中不应惧怕冲突，而是主动采取积极的方式进行争论。

2003 年 1 月 16 日，美国"哥伦比亚"号航天飞机成功发射，执行为期 16 天的航天任务。发射后的第二天，航天工程师罗查在回看发射录像时，发现一大块绝缘泡沫从航天飞机的外部燃料箱上脱落，并撞到了左侧机翼，可是受分辨率所限，这个图像并不清晰，为了进一步确定情况，罗查需要领导授权，查看美国空军拍摄的图片。然而，任务小组的组长琳达听取报告后却认为这并不是安全问题，此事被搁置了下来，虽然罗查依然认为此事十分紧急，但他并没有向更高级别的负责人报告，对此，他后来解释说："我的上司常常告诉我不要越级向上报告。"在后来的管理团队会议上，罗查有机会提出他的担忧，从而引起高层人员的注意，但他放弃了，错过了最后的机会。在发射后的第八天，航天飞机在重返地球大气层时发生爆炸，7 名宇航员全部遇难。在后期的调查中，罗查解释了为什么没有在会议上提出问题："我不能这样做，琳达是组长，她做出了决定，我不敢和她争论。"

三、当"独行侠"

协同要求组织成员共同开展工作，与其他成员没有头脑风暴、共同决策，就不存在协同。然而，并不是每一个人都享受协同的过程，相比与其他人配合，个体进行独立思考和全权决定会更加容易。相互配合势必需要进行反复的沟通协调，力求尽善尽美，而独自工作的时候目标明确，任务清晰。因此，有时在组织中会出现这样的情况：整体的任务确定后，每个成员"取"走了自己的工作内容并埋头苦干，中间鲜有交流，甚至有的成员会独自承担全部任务，不愿意让其他人插手。

这种"独行侠"的工作方式往往会带来许多问题。首先，组织成员缺少沟通，关系日渐疏离，相互请教本身就是加固信任的过程，沉默只会将辛辛苦苦建立的信任逐渐推倒。其次，这种工作方式缺少组织成员之间取长补短的过程，每个人只是完成了任务，并没有发挥整体的作用。因此，具备协同性思维的领导要谨防这类行为的出现，毕竟一个人可能走得更快，但是一群人会走得更远。

春天公司是一家从事化妆品研发与销售的中小型公司，在20多年的发展过程中一直不温不火，虽然没有爆款产品，但也能勉强保持盈利。前几年，公司花大价钱招聘了一批名校的博士毕业生，小李就是其中一位，专门从事化妆品研发。小李来公司报到那天，公司副总与研发部主任亲自带他参观了公司的研发场地，并在谈话中对他寄予了厚望。然而，参观完公司的小李却有苦说不出：公司进行配方开发与检测的机器过于老旧，与他在学校实验室使用的仪器完全不同，虽然满口答应了上级的要求，但却连仪器操作都不清楚。怎么才能快速开始呢？看着周围的同事，他们都是老员工，没有一个来自名校，甚至有几个还是半路出家做研发，如果问他们这些仪器的用法，那不是一开始就丢人了吗？没办法，小李只能自己琢磨，不让别人发现他的顾虑。时间一长，研发部的同事觉得小李这个人很孤傲，不爱交流，不愿合作，领导也不知道小李在忙些什么。

四、追求绝对

在创业圈流传着这么一句话，"当你有一半把握的时候，就要赶紧去做了"，凡事都等到十成的把握，那也轮不到你了。在组织的协作过程中，决策的效率决定了行动的时机，团队越快做出决定、定好方向，越能在竞争中抢占先机。优秀的组织可以在很短的时间内达成共识，虽然在这一过程中会有反对的声音，但大家最终都会在探讨中做出必要的让步，形成较为一致的目标。然而，大部分组织不能及时做出决策，往往需要进行一轮又一轮的会议，一次又一次的调查，这可能与组织追求绝对有关。

缺乏协同性思维的领导总会担心失败的后果，因此偏向于掌握绝对信息后再决定。有的领导通过追求组织内绝对一致的意见来增加确定性，当有成员提出反对意见使讨论陷入僵局时，领导不敢做出最终决定，而是要求成员继续讨论，直到达成绝对一致的意见为止，这样虽然能够最终形成议案，但耗费了成员太多的精力。此外，还有领导会在意见不统一时，要求进行更多的调查，直到看到能够证明决策正确的数据才开始行动，这样看似很谨慎，但导致组织行动迟缓，缺乏信心。

夏普于 1912 年在日本东京创立，主营业务包括收音机、太阳能电池、液晶显示器等，由于公司重视研发，大量推出多个"日本首次""世界首次"的独创性产品，夏普从一个不起眼的小厂成长为全球性大企业。2010 年，公司决定开始新一轮的研发投资，但在投资方向上，公司的高管团队出现了分歧，第五任社长片山干雄决定投入巨资建立十代面板，而第四任社长町田胜彦和副社长认为太阳能电池是更合适的投资方向。公司高层经过长时间的讨论也没有得到一致的答案，最终在其他公司入局太阳能产业后，夏普才后知后觉，统一意见开始进行投资，然而，此时其他厂商已经订购完材料，市场上剩余的供应不足，夏普为保证供应，不得不一口气签下 12 年长约，保证逾两倍市价向供应商采购材料。令夏普意想不到的是，2012 年金融风暴爆发，太阳能产业原材料价格由历史高点每千克逾 400 美元大跌至仅剩十余美元，这份 12 年长约成为夏普甩不掉的财务枷锁，单是材料跌价损失，就让夏普喘不过气来。最终，2016 年 4 月，中国台湾商人郭台铭收购夏普 2/3 的股份，从此这家百年日企正式归入中国麾下。

五、逃避责任

组织管理中有一个经典的故事："有两个小孩子在一起放羊，结果把羊弄丢了。主人先问大一点的孩子，为什么把羊弄丢了。他说，因为自己看书入迷了，才导致把羊弄丢了。主人又问小一点的孩子，为什么会把羊弄丢了，他说，自己跑到山的另一边去玩，便把放羊的事给忘了。"这个故事清楚说明了责任的两种内涵，一是孩子没有尽到自己的责任——看好羊，二是孩子没有尽到互相提醒的责任——告诉小伙伴认真放羊。在组织协作中，成员一定要承担这两种责任，这样才能保证最终任务的顺利完成。然而，并不是所有成员都能做到尽责，有些成员会逃避责任，把复杂的工作推脱给别人，不敢承认自己的失误。此外，也有人在看到同事的表现有碍于集体利益的时候，不能够及时给予提醒。

组织成员逃避责任的首要原因是缺乏自信，他们不相信自己的能力，不愿承受压力，担心做错事会受到惩罚，因此不敢承担没做过的任务，在挑战性的工作面前退缩，甚至把压力上移。此外，担心人际关系变得紧张也是不愿指出别人问题的原因，为了维持和气，有些成员会倾向于有意避免不快的谈话。虽然逃避责任能够短暂掩盖自己的问题，维护组织氛围，但这种行为势必会导致整体绩效的下降。

某服装厂的保安在巡逻时发现原料仓库的后门已生锈损坏，不能上锁，并且偶尔有几个员工进去，躲在角落里抽烟，于是保安马上回去报告了保卫科长："公司原料仓库后门没有上锁，还有人进去抽烟，可能会是一个安全隐患。"保卫科长非常重视，马上将问题汇报给了厂长，并说："现在原材料价格很贵，如果被盗损失会很严重。"厂长听说后高度重视这个情况，认为必须要上报副总，可是副总在外地出差，厂长只好打电话给副总，副总指示："你们协商后马上解决，我立刻向总经理和董事长汇报。"让大家都没想到的是，就在当天晚上 11 点，两名员工又躲到了原料仓库抽烟，他们离开时忘记熄灭烟头，烟头引燃了原材料，导致仓库起火。虽然火灾被消防队扑灭，但是造成了大量的经济损失。董事长听闻消息后火速赶回公司，召开紧急会议并追究责任。保安说"我第一时间报告了科长"，科长说"我告知了厂长"，厂长说"我觉得这个问题很严重，没有耽搁任何时间就上报了副总"，副总说："我正在出差，已给他们做了指示，并上报了总经理和董事长您呀！"董事长反问："你们的意思是，这件事应该由我负责，是吗？"

六、目标分散

组织成员齐心协力、坚持不懈地追求共同的目标和结果，这是每一个领导者的理想，正所谓"千人同心，则得千人之力；万人异心，则无一人之用"。为了实现这个理想，领导者往往会在组织商讨中明确目标，如在共同决定的方案中设置时间标准，从而在期限内达到要求。然而，组织中的每个员工都是一个个体，他们有自己的意识，除了最终的共同目标外，他们也关注自己的绩效和发展。如果领导者没有协同性思维，没能让员工聚焦在集体目标上，那他们可能就会因为个人的利益而阻碍团队目标的实现。

这并不是耸人听闻，对于一些员工来说，仅仅作为团队的一员已经足以使他们满足了。他们也具有团队荣誉感，想要跟随集体完成共同的目标。当面对集体目标和个人晋升（奖金）的选择时，他们可能更愿意选择后者，这就会造成团队失去得力的员工，甚至慢慢解体。

尚阳科技曾是通信领域的新兴企业，在固网增值解决方案、宽带无线解决方案和企业通信解决方案等领域发展迅速，甚至在当年被美国知名的 Red Herring 杂志评选为亚洲 100 强私人企业之一。然而，仅仅 2 年多之后，公司经营就出现了极大的问题，创始人郑昌幸被迫"下课"，公司大幅裁员，业务转型后仍然没有起色，最终退出市场。尚阳科技的失败主要有两个问题，一是公司重研发、轻市场，二是团队成员各自为战，没有聚焦在集体目标上。尚阳科技成立后，从高层到员工"成分"极为复杂，有"海归"也有"本乡人"，有出身国企的也有来自外企的，有来自创业公司的，也有来自全球 500 强的。对于这些来自"五湖四海的团队成员"，创始人郑昌幸没有做到"强势"的内部整合，他们每个人都带着自己的期望而来，想要自己决定项目的发展方向，都希望拿到最赚钱的项目，这使公司没有形成合力，无法有效开展协同工作，最终导致集体目标没有达到，产品在市场上没有竞争力。

第三节　运用协同性思维推动团队前行

在了解协同性思维在组织中可能遇到的障碍后，领导者就需要应用技巧来解决这些问题。本节从建立关系、鼓励争论、明确个人责任、适当缓解紧张和凝聚集体目标这五点出发（见图 6-5），提出了多个推动组织协同的方法。值得注意的是，解决协同障碍是一个长期的过程，需要领导者持之以恒地采取改善行为。此外，没有一种通用方法能够解决所有的协同性问题，领导者需要根据自己的组织情况，组合应用多种方式提升组织的协同能力。

图 6-5　推动组织协同的方法

一、建立关系

（一）塑造感知

建立良好关系的基本方式就是要确保组织成员能够互相感知到对方的存在，从而让他们知道自己不是一个人在战斗。这种感知可以是视觉上的，如看到同事和领导都在身边一同工作；也可以是心理上的，如坚信在需要的时候能够找到领导者或同事帮忙。具有协同性思维的领导者明白塑造感知的重要性，因此会合理设置组织成员的工位，或者安排一起吃工作餐，让他们能够经常看到对方。对于跨区域团队或者虚拟团队来说，做到视觉感知比较困难，这时领导就要确保成员间的交流是通畅的，每个人都能得到及时的回应，如回复微信、接听电话等，即使这种回复有时并不能直接解决具体问题，但员工也可以从中感受到来自组织的支持。

（二）坦诚弱点

坦率地告知他人自身的弱点是快速建立信任的好办法。当员工把自己的弱点告诉他人时，他们会对这个人有更加全面的了解，并且能够有针对性地提供帮助。同时，告诉他人弱点的行为也表达了谦虚和真诚的态度，更容易获取同事的好感。当然，领导者既要鼓励坦诚弱点的行为，又要确保他人的反应是积极的，如果组织中的成员把听到的弱点当作玩笑，或者随意告诉他人，就会给员工造成巨大的心理创伤。为了鼓励组织成员之间互相坦白弱点，具备协同性思维的领导者就要率先行动，勇于在下属面前抛开面子问题，主动承认自己并真诚地分析自己的弱点，不能敷衍了事。如果为了哄骗他人而假装敞开心扉承认弱点的话，则会失去组织成员的信任。

国家电网某下属企业为年轻员工制定了一系列增进了解的活动，其中一项活动要求大家围坐在一起，回答几个关于个人背景的问题："你的家在哪里？""最近在读什么书？""你的爱好是什么？""你用第一笔奖金给自己买了什么？""你在学习生活中经历过哪些挫折？"等。通过回答这些普通的问题，员工之间慢慢亲近起来，认识到别人同自己一样，也是有有趣的背景和故事的普通人。在员工互相了解，放下防备后，主持人会询问最重要的问题："你觉得自己有哪些缺点？"随后鼓励员工之间互相倾诉，通过了解弱点来进一步拉近距离。

（三）尊重员工意见

建立亲和的关系需要领导对员工的建议表现出尊重。即使员工的建议与领导的想法不同，也要耐心地等待员工说完再提出自己的看法，而非直接打断员工的话进行否定，在这个过程中就需要领导具有同理心，理解员工提出问题的感受和被轻易否定后的尴尬和失望。当然，尊重员工的意见并不代表要全盘接受，具备协同性思维的领导者可以采用"汉堡包法"指出建议中的问题，即先肯定员工想法中正确的内容，随后委婉地询问有问题的部分，最后提出对未来的展望。

二、鼓励争论

（一）承认争论的益处

怎样才能使组织成员愿意进行争论呢？首先要承认争论是有益的，很多员工都不愿意承认这一点，如果组织成员认为没有必要发生冲突的话，当然就不会经常进行争论。因此，领导者要主动引导或告知员工，争论是有益处的。积极的争论能够扩大组织的知识面范围，不断补充决策的漏洞。具备协同性思维的领导者会鼓励员工进行思维交锋，如在讨论或会议结束后，提醒员工刚才的争论是为了组织的利益，没有任何不妥，而且今后有必要将这种争论继续下去，甚至是直接奖励经过争论产生的方案。值得注意的是，只有积极的争论是有益处的，领导要及时分辨争论的类别，是对事还是对人？是理性探讨还是发泄情绪？这样才能最大化争论的益处。

（二）主动制造话题

避免争论的团队往往会把争议性的问题隐藏起来，不再讨论。此时，具备协同性思维的领导者就有解决争议的勇气和信心，主动把话题摆到桌面上来，迫使大家一起着手解决这些问题。在争论开始时，领导要展现出客观性，不直接提出自己的看法，而是鼓励每个成员都投入争论，直到问题解决。此外，如果团队长时间没有激烈讨论，领导也要主动为团队制造"噪声"，抛出议题让团队成员相互争论，激发出所有不同的意见，从而不断修正方案，争出最好的解决之道。

通用汽车前总裁艾尔弗雷德·斯隆被誉为通用汽车历史上最伟大的管理者，他在公司的一次高层会议中说："诸位同事，看来我们对这项决策都有一致的看法了。"出席会议的委员们都点头表示同意。没想到艾尔弗雷德·斯隆接着说："现在我宣布会议结束，此问题延到下一次会议时再进行讨论。我希望下次会议时，能听到反对的意见。"一个月后，这次会议中提到的案子被否决了，艾尔弗雷德·斯隆高兴地说："现在我们对这个案子有更深的了解了。"还有一次，艾尔弗雷德·斯隆跟一位反对他的员工争论了起来，这位员工一点也不给艾尔弗雷德·斯隆留面子，一番争论下来谁也没说服谁。会后，艾尔弗雷德·斯隆的秘书问他："这位员工这么烦人，你为什么不解雇他？"艾尔弗雷德·斯隆说道："解雇他？太荒谬了，他只是在完成他的任务。"

（三）控制争论

虽然领导在员工进行讨论时要做到客观，但这并不意味着领导只是单纯的听众，具备协同性思维的领导者会巧妙地控制争论，从而达到自己的目的。首先，领导者要控制争论的方向，保证争论都是积极的，是讨论解决方案而不是针对个人。话题偏离后，领导可以通过询问将讨论带回原来的方向中，例如"你刚才说到了……能详细说一下吗？""你刚才的发现很有趣，还有类似的问题吗？"其次，领导者还要控制争论的进程，在大家争论得有些烦躁、不愿继续进行的时候，要鼓励大家，给辩论者信心，促使他们继续讨论下去。最后，领导者要在争论时观察每一个人，确保他们都说出了自己的观点，如果看到有人欲言又止，或者不愿发言，更要着重鼓励他们说出自己的想法，沉默往往是因为他们知道自己的观点会加剧冲突。

三、明确个人责任

（一）必须有人牺牲时走在前面

在组织遇到困难时，领导者要发挥领袖的作用，走在组织的前面，为组织扛下重压，这样才能获得下属的尊重，为组织成员树立承担责任的榜样。值得注意的是，领导者不要默默地承担责任，而是要让组织成员知道整个过程，这样才有示范意义。此外，领导者在抗压前也要分辨压力的来源，是自己导致的还是其他成员导致的？如果是其他人导致的，下次怎么才能避免？只知道牺牲而不反思的话，压力只会越来越多。

（二）构建整体责任机制

具备协同性思维的领导者不会把组织的责任压在自己一个人身上，而是让组织中每一个成员都承担一定的责任。成功的组织通过承担责任来促进员工彼此间的关系，他们会相互尊重，并对别人的表现抱有较高的期待，当每个人都对任务负责任时，他们就不会考虑形式主义的措施。要想使组织内部责任分明，可以通过三种方式构建整体责任机制。第一，领导要定期公布工作目标和标准，清晰地说明每位成员负责的工作，以及大家为取得成就需要做的事。公开一方面能让员工再次明晰自己的职责，另一方面也能让其他成员知道他人的职责，互相监督，防止推诿。第二，领导要建立制度督促大家对别人的表现给出反馈，如要求组织成员定期对同事的工作进展和工作标准做出评价，如果不采取制度来约束，完全靠自觉的话，就会为逃避责任埋下祸根。第三，领导要有针对性地惩罚没有尽到责任的员工，而不是因为个人的问题惩罚整个团队，这样能够培养员工负责任的风气。

（三）淘汰"独狼"

"独行侠"的工作方式损害了协同工作的效率，具备协同性思维的领导者会对其进行纠正。然而，如果有员工继续各行其是，就会成为"独狼"，应该坚决予以淘汰。淘汰"独狼"往往不是一个技术性问题，而是认知与决心的问题。领导者面对这个问题时，最常有的纠结是"我知道他不是合适的人，但是他能力很强""虽然价值观不符，也很难跟同事协作，但毕竟他的业绩还不错"，面对这种纠结，领导一定要秉承"宁缺毋滥"的原则，通过上级向下兼任空缺岗位，或是下级或平级人员扩大工作职责的方式代替"独狼"的工作。如果领导放任不管，"独狼"会迅速影响甚至同化组织其他成员，对协同积极性造成巨大打击。同时，在其他成员承担"独狼"工作职责期间，领导者也有机会发现更加优秀的员工。

日本伊藤洋货行创始人伊藤雅俊是一位极有魄力的企业家，起初，伊藤洋货行只卖衣服布料，随后进军饮食行业。因为公司内部缺乏饮食方面的人才，伊藤雅俊便花大价钱挖来了岸信一雄。进入伊藤洋货行后，岸信一雄大刀阔斧地重整了公司的食品部门，让公司的业绩在十年间提高了数十倍，为伊藤洋货行做大做强立下了汗马功劳。不过，随着成绩越来越出色，岸信一雄的问题也逐渐暴露。伊藤洋货行的产品业务广泛，食品只是其中一项，因此各位高管在工作中要相互配合，创始人伊藤雅俊更是对公司进行了大量改革，强调协同工作。然而，岸信一雄依然坚持原来的工作方式，排斥管理者的改革措施。公司的很多战略决策，往往其他管理层都通过了，可到了岸信一雄那里，就一定会止步不前。岸信一雄也仗着自己的成功过去，对那些勤奋、遵守企业战略的下属冷眼相待，嘲笑他们即使再苦干十年也不可能获得成功。对岸信一雄的行为，伊藤雅俊屡次予以批评教育，无奈他不但不知悔改，还变本加厉。最后，伊藤雅俊决定辞退岸信一雄。

四、适当缓解紧张

（一）调整员工情绪

合作过程中产生负面情绪是难免的，这可能是工作压力大、与其他成员意见不合等原因造成的。大部分员工会把自己的负面情绪隐藏起来，不直接告诉他人，但是这些情绪会通过日常行为有意无意地泄露出来，当这种情绪积攒到一定程度后，就会突然爆发，直接影响组织的协作，即使员工及时冷静下来，也无法再像以前一样面对同事。具备协同性思维的领导者要能够在员工的日常行为中察觉到员工的情绪波动，并在情绪爆发前进行及时的疏导，如让员工适当休息，倾听他的不满，私下给予鼓励，举办活动让他们发泄等。目前，对员工情绪的观察与调整越来越被组织所重视，世界 500 强企业都拥有一整套流程来保证员工的情绪稳定。

（二）构建心理安全屏障

环境是塑造行为的有效手段，具备协同性思维的领导者能够构建具有心理安全感的环境，在这一环境中，团队成员可以自由地表达不同看法，且不必担心因此而受到处罚。这听起来简单，但要在同事们的关注下提出问题、寻求帮助，并容忍错误，可能会遇到想象不到的困难，因此领导者先要表明"大家要畅所欲言"，并传递出"我尊重员工"这一信息，尤其要积极承认、欣赏员工的技能水平，鼓励员工直言不讳并报告自己遇到的问题，对员工进行原则性指导，对出现的问题不做辩解性答复，从而塑造团队的心理安全感。相反，如果领导者武断专行，只懂得批评员工，那么组织内其他成员也会害怕犯错，从而逃避责任。

保诚保险公司一直以温和谨慎的文化著称，员工在工作中注重自己的言行，不轻易越界。在公司上市之后，CEO 亚瑟·瑞安对日趋复杂的金融服务业进行了新一轮的调查和总结，他认为未来行业的竞争会越来越激烈，保守的公司文化并不适应发展趋势，为追求卓越，公司文化必须要改革。亚瑟·瑞安相信，成功的上市公司需要员工之间开展直接、诚恳的交流，因此，他要求人力资源部创建一个项目，鼓励员工敢于直言不讳、分享思想。经过商讨，人力资源部提出了"言而无忧"（Safe-to-Say）项目，项目的内容包括：提供了一系列综合培训项目；设置周期性的会议鼓励大家畅所欲言；对普遍认可的建议进行奖励；设置专门渠道收集匿名建议等。在这个项目的推动下，保诚公司的工作氛围变得更有安全感，高级经理和一线员工开始畅所欲言。

（三）接受失败

协同的开展并非一帆风顺，它往往会遭遇意想不到的磕碰、差错，甚至是失败。失败不仅会让员工产生情绪上的不快，还会让人丧失信心，因此很多员工不愿承认失败。具备协同性思维的领导者需要明白失败对于组织和员工都有损害，如果失败对组织的损害已成定局，那么就要最大化地减少它对员工的影响，并想方设法帮助他们从情绪低谷中走出来。面对员工的失败时，领导者先要明白失败是无法避免的，并与员工一起坦率地接受失败结果，切忌以"质询导向"向员工发问，这样会使员工更加紧张。随后要与员工共同分析失败的原因，是技能、知识，还是态度上的不足导致了失败？主因是外部的还是内部的？通过共同分析能够让员工感受到领导与他们站在一起，找到确切的原因后也会使员工感到放松。最后，领导者要与员工共同商讨解决方案，并告知发展方向，这样就不会在遇到相同问题时感到害怕并推卸责任，同时也最大化地避免了组织再次承担相同的损失。

五、凝聚集体目标

（一）给目标加期限

防止决策缓慢的直接办法就是确定最终期限。团队迟迟做不出最终决定的主要原因就是没有感受到时间的压力，因此会为了追求绝对效果一次次进行讨论和分析，最终错过了合适的时机。由于领导者与员工的高度不同，因此对目标轻急缓重的认识程度也并不相同，当团队成员感受不到任务的急迫时，领导者就要给最终决策设置期限，推动成员提高效率，快速达成一致。当然，除了明确最终时间外，具备协同性思维的领导者还需要针对问题的进展和各个步骤规定具体时间，通过纪律要求成员按时完成阶段性任务。此外，领导者也要定期检查决策的完成进度，及时掌握变化情况。

（二）将团队目标与个人目标相通

在组织协作中，除了组织目标之外，每个人都有自己的目标。组织目标并不是个人目标之和。在很多情况下，个人目标和组织目标并不能兼顾，甚至会爆发冲突，为了保证协同工作的顺利进行，领导者必须使个人和组织对所有目标有明确的共识。具备协同性思维的领导者要明白，与强制执行组织目标相比，让员工参与到目标设定中来更好，这样他们可以在一定程度上将自己的目标融入组织目标，同时也可以通过参与目标设定看到自己的责任和价值，从而提高目标的可接受性，这样员工才会尽最大努力实现组织目标。此外，领导者也可以及时与下属沟通，帮助他们设定个人目标，并促使员工了解个人目标与组织目标之间的关系。通常，那些看到组织目标和个人目标之间直接关系的员工，更容易产生强烈的工作欲望和工作热情，工作积极性也更高。

（三）奖励集体成就

对团队成功的正向反馈能够鼓励员工继续向整体目标努力。正向反馈一般是以奖励、晋升为主，领导者要秉承"有福同享，有难同当"的原则来设计奖励方法，如团队的风险收益计划、利润分享谋划、团队公开表扬等。值得注意的是，团队的奖励必须以团队绩效为标准，如果仅仅让员工以"努力工作"的名义取得奖励，就等于传达了一种是否取得成果无关紧要的信息。此外，领导者也可以将团队奖励情况与个人的晋升进行强关联，这样也能在个人层面上鼓励员工追求集体成功。

2018年5月14日，四川航空3U8633号航班在约9800米高空巡航时，驾驶舱右座挡风玻璃爆裂脱落，导致驾驶舱中的机组成员遭遇迅速减压，并直接进入缺氧、低温、高风速、高噪声等恶劣环境，在这种危急情况下，机长刘传健立刻宣布"我操作"并接手飞行，机组成员向西南空管局管制中心报告故障信息，并寻求备降。西南空管局管制中心管制员在无法与3U8633号航班建立有效联系的情况下，在最短的时间内判明空中情况，以最优的方案提供管制服务，以最有效的处置确保了航空器安全落地。在机组与空管局的共同努力下，3U8633航班安全着陆，保障了机上119名旅客和9名机组人员的生命安全。在事件安全处理后，民航局除了对优秀个人进行表彰外，还进行了集体奖励，授予3U8633航班机组"中国民航英雄机组"称号，授予西南空管局管制中心宋源班组集体二等功，王墨班组、徐智文班组、靳军班组集体三等功。

协同性思维如图6-6所示。

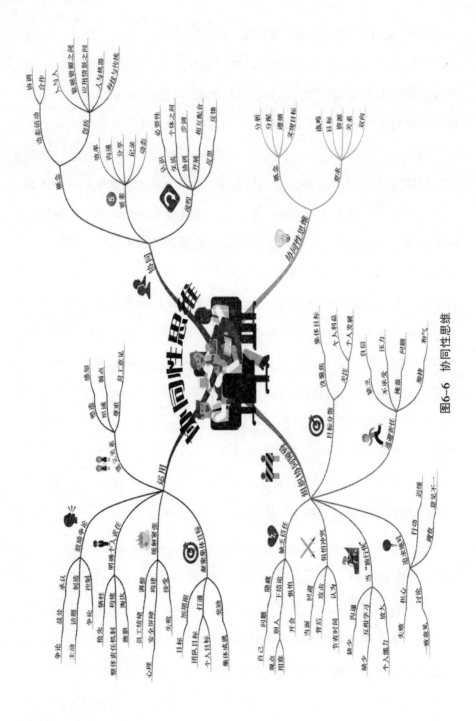

图6-6 协同性思维

参考文献

［1］陈春花，朱丽．协同：数字化时代组织效率的本质［M］．北京：机械工业出版社，2019.

［2］黄铁鹰．海底捞你学不会［M］．北京：中信出版社，2011.

［3］赵伟．激活每个人才是好团队［M］．北京：台海出版社，2018.

［4］Amy C. Edmondson. 协同：在知识经济中组织如何学习、创新与竞争［M］．北京：电子工业出版社，2019.

［5］Patrick Lencioni. 团队协作的五大障碍［M］．北京：中信出版社，2013.

第七章

教练性思维

做下属的教练，激发深处的潜能①

　　电影《面对巨人》有一个经典片段。棒球队教练在组织赛前训练时，要求队员们背着自己的搭档向前爬行。由于这支队伍连年失利，队员们普遍缺乏信心，不愿再训练，言谈中仿佛已经接受了失败的命运，仅爬行了20几码便纷纷放弃。看着眼前斗志涣散的队伍，教练决定采取特殊的手段激起他们的斗志。他叫起了队长，让他爬行50码的距离。可是队长的最好成绩仅有30码，这对他来说是一个巨大的挑战。"你只要尽全力就可以了"，教练说道，随后用黑布蒙上了队长的眼睛，让他开始爬行。由于看不见自己的位置，队长不停地询问自己爬行了多远，还有多远才能结束，教练并没有正面回答，而是在旁不停鼓励，"做得

---

① 资料来源：Professional Coaching：How does it work at IKEA？——ICF Sweden

很好""很有力量""尽你的全力""不要停，你能做得更好""别放弃，还差 20 步"。这些话语赋予了队长力量，让他一直向前，直到教练说停止，他才精疲力竭地躺在草地上。这时，队长摘下眼罩，发现自己不止爬行了 50 码，而是 100 码，爬完了全场。看到这一幕的队员们从惊讶逐渐转为敬佩，不由得鼓起掌来，教练帮助队长突破了极限，使队伍重燃了信心。

上面只是电影情节，但在现实生活，尤其是组织管理中，通过鼓励、激励他人，从而实现目标的例子不胜枚举。IKEA（宜家）作为来自瑞典的家具和家居零售商，在全球拥有超过 400 个商场，世界家居品牌中排名第二。IKEA 的成功与其创始人所传承的教练文化密不可分。在 IKEA，经理做得好坏不体现在他的职位上，而是取决于下属信任他的程度。IKEA 认为员工的自我发展才是企业持续成功的重要动力，因此，领导者应具备在团队中建立信任、设立方向的能力，持续与下属沟通，在工作中帮助下属成长。如果一名经理业绩很好但不具备这种能力，那么他应该担任专家的角色而非领导者。在这种文化的指导下，IKEA 为管理层制订了教练性思维的培训计划，为他们配置了内部教练与外部教练，其中，内部教练是 IKEA 以往的高层人员或人力资源部门的领导者，在参加专门的教练培训后，成为组织认证的内部教练，为组织进行领导力的课程培训。

由于内部教练拥有丰富的在 IKEA 工作的经验，对组织的文化和内部运营程序更为了解，因此能够一对一指导管理人员的工作方法，如培训他们如何针对具体情况与下属进行沟通，如何激励员工，如何根据组织需求为下属设置成长计划等。外部教练主要由机构如瑞典教练教学中心（Coachutbildning Sverige）或其他公司高管担任，帮助 IKEA 管理人员形成教练性思维，提升教练式领导者的技巧。例如，指出教练处理问题时的新思路，提供解决下属之间纷争的新角度，强调下属感受的重要性，培训激发下属工作信心的沟通方法等。总的来说，内部教练为 IKEA 管理人员提供个性化的具体指导，外部教练开阔他们的管理思维，并培训教练技巧。在这种教练体系的指导下，IKEA 领导层的管理思维发生改变，他们的管理目标更明确，重视与下属的沟通，主张激励下属来解决执行问题，其所在部门的员工成长速度更快，在工作中显示出强大的自信。

第一节　了解教练性思维

实现战略靠人才，运用数字技术靠人才，创新落地靠人才，协同工作更要靠人才。当前，我国的人才工作已经初具成效，组织内部的人才资源也日益丰富。此时，对于领导者来说，如何用好这些人才，激发他们的潜力、持续提升他们的能力就成为管理的首要问题。成功的领导者深知自己的时间和精力是有限的，取得成就的关键不仅在于自己做了什么，更在于下属主动做了什么。在 5T 火箭领导力模型中，教练性思维相当于火箭的"推动器"，能够在工作中激励下属，培养下属，从而为其他工作的推进提供人员支持，确保组织和个人目标的统一与实现。

一、什么是教练性思维

（一）教练性思维的概念

要理解教练性思维，就要先了解教练是什么。英文 Coach（教练）最早和马车相关。15 世纪 70 年代，匈牙利考克斯地区把四轮大马车叫 Coach，其功能就是根据客户的要求（如路线、服务）将他们送到指定地点。和马车类似，教练的工作就是根据被教练者的要求进行指导，协助他们实现目标，这种目标可以是生活中的，如体育运动、驾驶汽车，也可以是工作中的，如提高绩效、加强创新等。教练协助客户追寻个人目标时，往往需要专门的能力和指导技巧，这些能力和技巧的组合就是教练技术。教练技术往往是交互式的、流程化的，其内容多种多样，主要包括倾听、提问、反馈等方式。可以说，教练技术是激发他人潜力从而帮助其实现目标的工具。

在理解教练与教练技术的定义后，就能够很自然地明白教练性思维的含义。当一个人能够像教练一样思考，与他人沟通时主动运用教练技巧，推动其主动思考如何达到预定目标，那他就具备了教练性思维。国际教练联盟（ICF）将教练性思维定义为：创造性和挑战性地激发客户，最大化他们的潜能，使他们的个人生活和职业发展更具成效。

任何人都可以学习并掌握教练性思维，从组织的角度来看，具备教练性思维的领导者有三个特点：首先，教练性思维关注未来，是一种目标导向的思考方式，具备教练性思维的领导者能够唤醒下属内心的目标，并进一步激发他们对目标的思考。其次，教练性思维的领导者重视倾听与询问，他们不直接提供建议，而是通过非指令性的提问来帮助下属分析和解决所面临的问题，引导他们有效制定行动策略。最后，教练性思维的领导者明白"成就下属就是成就自己"，愿意致力于直接或间接地激发下属潜能，发展其内在力量，实现其在专业领域和人生领域的目标。总的来说，具备教练性思维的领导者不仅要对员工的业绩负责，更要对员工的成长负责。

（二）教练性思维的发展

教练性思维的发展其实就是教练技术的发展，当教练技术逐渐完善并取得认同时，就会有越来越多的领导者学习这项技术，转变自己的管理思维。

1975 年，网球教练添·高威（Tiomthy Gallwey）宣称自己找到一个不用"教"就可以让任何人很快学会打网球的方法，并出版了《网球的内在诀窍》（*The Inner Game of Tennis*）一书。在书中，他阐述了自己的教学理念，认为传统的体育教练让被教练者跟随他人的方向，而忽略了自身的经验和智慧。真正的教练应该将教学重点从身体动作转移到精神层面，让被教练者发现自己的能力。随后，美国知名播音员哈利（Harry Reasoner）在电视节目中向添·高威提出挑战，让他培训一位从未打过网球的女士，培训过程全程录像，并在国家电视频道播放。添·高威接受了这个挑战，他不像其他网球教练那样从基础开始教学，而是告诉学员不要担心姿势和步伐，只要球飞过来，就用拍去接；接中了就说"Hit"（击中），球落到了地上，就说"Bounce"（弹开）。人们发现，电视中的学员明显 Hit 多了，Bounce 少了，短短 20 分钟后，她就能够自如地打网球。添·高威总结这次成功认为，当学员聚焦于飞来的网球，而非学习运动员规范动作时，本能地选择了完善球拍的挥动和步伐的移动，迅速地发展和完善了自己的网球技能。

添·高威的教育方式声名大噪后，约翰·惠特默（Sir John Whitmore）找到添·高威，开始学习他的教练技巧，并在英国建立了内在诀窍教练公司，与添·高威一起培训教练。一开始，这家英国公司专注运动领域，开设内在网球（Inner Tennis）、内在滑雪（Inner Skiing）和内在高尔夫（Inner Golf）等课程。客户体会到教练方法的成效后，开始思考能否将这种技术用在组织管理中，解决管理过程中面临的问题。在这种新需要的指引下，约翰·惠特默将已经建立的体育教练方法融入商业环境，将职场与运动场上的案例进行总结并出版《高绩效教练》一书。在书中，他定义了商业教练的概念，提出了 GROW 模型，即以目标（Goal）、现状（Reality）、选择（Option）和意愿（Will）为逻辑的教练模型，为高管及团队提供独立的教练辅导工作。

当教练技术在组织管理中被应用得如火如荼时，托马斯·罗纳德（Thomas J. Leonard）另辟蹊径，将其应用在个人开发领域。托马斯·罗纳德于 1988 年开设"设计你的人生"课程，逐渐摸索自己的教练体系，通过对实践经验进行总结，提出了 15 项教练技术。随后，在其他人的支持下，托马斯·罗纳德于 1995 年在美国成立了国际教练联盟（ICF），为所有教练提供平台来相互支持，助力职业发展，并开始对专业教练进行国际认证。

如今，大部分 500 强企业的高层领导者都在进行教练性思维的培训。几十年前，这种训练还被看作对缺乏领导能力的"惩罚"。而现在，教练性思维已经被看作一种宝贵的资源。由此可见，具备教练性思维的领导者是组织不可或缺的重要力量。

二、领导者的教练性思维

（一）教练式领导者担任的角色

拥有教练性思维的领导者知道自己并不只是单纯的管理，而是扮演了顾问（Consultant）、协调者（Orchestrator）、建议者（Advisor）、挑战者（Challenger）、帮助者（Helper）这五个角色（见图7-1）。这些角色代表了教练性思维的不同特征。

图7-1 教练扮演的多个角色

1. 顾问

教练性思维要求领导者要像顾问一样，及时提供明确的反馈，这种反馈既包括积极的内容，也包括建设性、需要改进的内容。同时，在进行交流反馈的过程中，领导者要注重把握时机，确保在得到所有必要信息之后再做出反应，过早介入可能妨害下属深入挖掘实现目标的方法。

2. 协调者

具备教练性思维的领导者能够协调自身与下属周围的资源，助力下属的行为，从而实现预定目标。在下属遇到问题时，领导者可以提供关键人员的电话信息，或者直接与其他部门人员沟通，安排其与下属会面，从而促进问题的解决。值得注意的是，在这一角色中，领导者只是起到协调资源、催化结果的作用，并不直接解决问题。

3. 建议者

建议者的身份要求领导用恰当的方式给下属提建议。在下属遇到问题时，不要急于告诉他答案，更不要按照自己的想法直接给出工作步骤，而是通过提出开放式的提问激发下属自己寻找答案，引导他们走上自我发现之路。虽然这种建议方式会花费更多时间，但下属由此走出困境后，对学习到的新内容印象更为深刻，再次遇到问题时也会有自信独立解决。

4. 挑战者

为了充分激发下属的潜力，领导者要适当地要求下属"跳一跳，摘桃子"，对他们的工作目标和进度提出挑战。"下属的目标是否充分挑战了自我？""下属是否努力尝试新方法？"同时，领导者也要挑战下属现有的行为模式，激发他们从其他角度思考问题，帮助其更加全面地处理问题。在这一过程中，领导者要注意沟通方式，保持肯定而友好的语气。

5. 帮助者

在教练性思维中，领导与下属并不是严格的从属关系，而是要互相协助，互相成就。领导者需要在员工遭遇工作或生活困难时进行倾听并提供帮助，从而逐渐建立起信任关系。员工也会在走出困境后感激领导者的理解，从主观上进一步支持领导者的工作，从而形成良性的循环。

（二）普通管理思维与教练性思维的区别

教练性思维能够激发员工潜力，鼓励他们自发向目标前行。然而多数领导者习惯于事必躬亲，忽视目标引领。员工没有清晰的前进方向，领导者忙得心力交瘁。因此，了解普通管理思维与教练性思维的差异（见图7-2），从而发现自身的不足，有助于迅速转变思维方式。

图7-2　普通管理思维与教练性思维的区别

175

1. 算小账与算大账

领导者的时间宝贵，更希望在有限的时间内获得更多的业绩。在普通领导者眼中，提升部门业绩的最好办法就是提升下属的工作效率。通过计算人效、时效、工作饱和度等方式，在员工的时间表中塞满工作内容。然而，这种思维只关注了当下利益，还会使员工身心俱疲，没有时间学习成长。尽管算了"小账"，却为应对未来的挑战埋下隐患。

具备教练性思维的领导者会"算大账"。虽然他们的时间也很宝贵，但并不会计较一城一池的得失，而是盯着终点看，明白未来的不确定性以及应对这种不确定性的方法——拥有一个稳定成长的团队。因此，这些领导者会为下属设置提升自己的时间和机会，与下属多做沟通，关注他们的成长，营造一种互相信任、持续学习的氛围，这是未来打赢硬仗、获得长期成功的关键。

2. 关注事与关注人

传统领导者的思维是"发现问题，解决问题"，他们在工作时注重工作内容，希望通过加强对事的掌控来达到满意的效果。在与员工沟通时，传统领导者会关注事情的结果，倾向于直接给出答案。然而，这种对事情或答案的关注往往会产生更多的问题，员工下次在面对此类问题时，还可能继续犯错。

拥有教练性思维的领导者不会急着为下属指明答案，他们更加关注对下属的成长和实现目标的计划。当下属工作出现问题时，教练性思维的领导者会思考员工出现问题的原因，是与能力相关还是与态度相关？如果是能力问题应该如何培养？厘清原因后，领导者会主动引导员工思考学习，探寻适合自己达成目标的方法。

3. 掌控与赋能

在传统领导者的思维中，掌控的事情越多越好，只有自己做到无事不知，才能够做好管理，完成任务。然而，当领导者事事皆管，面面俱到时，就会出现领导者逐渐包办了下属的职责现象，导致下属习惯于向上司寻求解决办法而不是独立思考。这既占用了领导者的大量精力，也会让领导者自己的成效大打折扣。

领导者要通过下属来完成任务。具备教练性思维的领导者理解激活下属的重要性，既能发掘员工的潜能，培养员工独立自主的工作风格，又能做到下沉决策权力，让下属自己找到解决问题的办法。这种赋能行为帮助领导者将时间和精力投入规划、协调、创新等重要工作上。

4. 威严与亲和

在普通领导者的思维中，与下属保持距离才有助于命令的实施。因此，普通领导者更喜欢塑造一种严肃、高高在上的形象，利用权威管束员工。然而，在这种思维下，领导者与员工之间容易出现隔阂，员工迫于威压会较少向上汇报自己的想法与情况，造成领导者层面的消息闭塞。

拥有教练性思维的领导者重视员工的想法，认为员工是推动工作顺利实施的重要力量，在工作中会引导员工主动提出建议，直抒胸臆。因此，教练性思维的领导者会更多地表现出亲和的形象，以平等尊重的心态和员工交流，在沟通中重视倾听、提问与反馈，而不是直接命令。他们明白只有让员工放松心理戒备，才能够了解员工的真实想法，从而在内部渠道中获取有价值的信息，帮助自己完成决策。

5. 批评与鼓励

传统的领导者在面对员工失误时，第一反应是对失误进行评价，批评下属的工作行为，甚至否定下属的工作付出。这种负激励虽然也能让员工认识到自己的问题，并在后续行为中进行改善，但也会在一定程度上挫伤员工的工作积极性，使他们遇到挑战时产生畏惧情绪，不愿尝试。

具备教练性思维的领导者会辩证地看待员工的失误，在沟通时以正向反馈为主，对正确的部分进行鼓励，带领员工从失败中学习。比如，创新失败时鼓励员工勇于尝试的态度，在任务未完成时鼓励员工的积极付出。这种以正面、积极为主的反馈能够赋予下属更多的工作信心，以此来缓解失败结果带来的压力，从而推动员工在试错中不断成长，最终成为领导者的左膀右臂。

第二节　自我训练教练性思维

教练式管理者扮演的角色多样，普通管理思维与教练性思维也有多种不同，这就决定了转变为教练性思维是一个复杂的过程。不过，普通管理思维方式与教练技术密切相关，提升教练性思维的方法也就显而易见，即理解教练技术内涵，并将这种思想运用在日常工作中。GROW模型和 NPL 逻辑是教练技术的主要方法论，前者基于目标激励员工，后者通过逻辑思考发现问题，为培养提供方向。通过学习这两种工具，领导者能够自我训练教练性思维，并将其运用到人才的激励与培养中来。

一、GROW 模型应对发展

目标导向是教练性思维的首要特征，在追随目标的过程中，员工往往能够爆发出惊人的潜力，这种潜力蕴含在员工能力的深处，只有当领导者重视目标的作用，围绕目标进行激励，员工发挥潜力的意愿才会被充分调动起来。想要在管理员工时做到目标激励，领导者先要在自我管理的过程中认同并运用这种思想。GROW 模型作为激励与发展领域中的重要模型，为目标管理提供了思考和行为方式（见图 7-3），在自我训练并掌握 GROW 模型后，领导者就能运用其指导下属向目标前行。

图 7-3　GROW 模型

GROW 模型由四个环环相扣的步骤组成，即目标（Goal）、现状（Reality）、方案（Options）和意愿（Will）。我们可以思考一次旅行来初步理解这个模型。当你想出去旅游时，第一步肯定是要决定去哪里，在市内还是其他省份？爬山还是看古迹？之后要确定自己的情况，如自己的位置、预算、时间安排等，随后就要开始安排路线，是坐飞机还是高铁？探索景点的顺序是什么样的？最后就是要为路上可能遇到的障碍做好准备，心中时刻记着这次安排，强化意愿，确保自己能致力于这次旅行。当然，旅游的例子简化了各个步骤，在实际的自我训练中需要更加细致的思考，在自我提问与回答中完成每个步骤，最大化训练结果。

（一）目标

自我训练的第一步是设定目标。目标的内容没有限制，可以是一个要解决的问题（工作或家庭中）、一个绩效目标、掌握一门技能等，如果目标能与自己的实际需要相结合，训练会更加有效果。值得注意的是，在设定目标时一定要遵循 SMART 原则，即目标要是具体的、可衡量的、可达到的、相关的、有时间限制的，例如"这个月完成 10 单业务""在半年内学会蛙泳并能不间断游 300 米"。如果不能设置一个合适的目标，可以询问自己以下问题：

从长远看，什么目标对我来说最有利？我怎么可以知道自己达到目标了？

我为什么希望实现这个目标？

看到或感觉到什么会让我知道取得了进展？

在达到这个目标的过程中，有什么可以作为里程碑？

我想在什么时候达成这个目标？

这个目标对我有挑战性吗？

我能达到这个目标吗？

（二）现状

了解现状的目的是为未来的行动找寻一个客观可行的起点，在这一过程中需要对自身的情况进行检查，根据与自己有关的事件（以往发生的和正在进行的）、自身的状态来收集信息，从而为实现目标制订初步的方案。为了获取合适的信息，可以自我询问以下问题：

现在的情况是怎样的（什么事，什么时候，在哪里，频率是多少)？

到目前为止我做了哪些努力？

做成这件事，需要哪些资源支持？

是什么使我止步不前？

要达成目标，需要跨越哪些障碍？

达成目标涉及哪些人？

从 1 到 10 衡量当前情况的严重性，会是多少？

（三）方案

目标面向未来，而现状立足当下。完成前两个步骤后，就会感受到目标与现状之间的差距，此时需要设置可行的行动方案来弥补。在管理下属的过程中，领导者要引导下属进行细致的思考，帮助他们看到更多的可能性，而不是急着替下属做出决定。在自我训练时，领导者要自己展开思考，拓宽思路，在这个过程中，可以询问自己以下问题来思考更多的方案：

我的第一步可能是什么？

我能做些什么？

每个方案的优点和缺点都有什么？

如果这么做会发生什么？

如果有更多的时间，我还会做些什么？

阻碍我继续执行这个方案的障碍是什么？

以往有遇到相似的事吗？如果有，当时是如何处理的？

（四）意愿

在完成前三个步骤之后，要从所有方案中选择最合适的、最可行的方案，并依此制订清晰的行动计划。在这个过程中，要思考方案中每个步骤的可行性、操作细节等，确保在真正执行时没有困难。只有路径清晰、规划完整的方案能够激发行动的极大热情。完善方案，激发自身意愿时，可以询问自己以下几个问题：

我要选择哪个具体办法？

用 1 到 10 衡量，我的方案成功的可能性是多少？

方案有什么遗漏吗？

我会在什么时候开始并结束每项行动或步骤？

我什么时候需要检查进度？

采取这个方案可能遇到什么阻力？

我在执行这个方案时感觉到充满激情与希望吗？

我怎么知道自己实现了目标？

二、NPL 逻辑总结问题

人们看待事物的逻辑不尽相同，就像半杯水，有的人看到的是水，有的人看到的是空气。思维逻辑没有对错之分，但是片面的逻辑会导致人们无法看清事情的本质，具体到工作中来，就是无法全面分析问题产生的原因，激励与培养也就失去了准确方向。为了避免这种情况，领导者需要运用 NPL 逻辑辅助思考，对问题的原因做出全面而精准的归纳。

　　NPL 逻辑认为人的生活可以通过几个层次进行描述和理解，从低到高依次为环境、行为、能力、价值、身份和精神（见图7-4）。其中，前三个为低三层，是我们可以直接意识到的层次，而后三个为高三层，需要在日常生活中细心分析才有可能发现。从这六个层次出发对事情进行考虑，就能够认识到问题或困扰背后的原因，树立正确的改正目标，更快地以"治本"态度去处理。当然，六个层次的抽象程度和认知难度也是递增的，一般来说，能够清楚认知到前四个层次，就对改进问题、激发潜力提供了巨大的帮助。在自我训练 NPL 逻辑时，先要明白各个逻辑层次的含义，同时代入自身工作中遇到的问题进行思考。

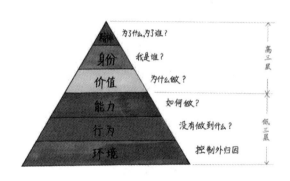

图7-4　NPL 模型

（一）环境

　　环境是每个人所处的当下场景，是自身以外的内容，既可以是具体的，如同事、制度、天气等，也可以是抽象的，如生活、氛围等。有的人遇到问题时会说"这与我无关，都是外部环境/制度变化/市场所导致的"，这就是典型的归咎于环境层次的"向外思考"。值得注意的是，向环境归因并不是错误的，虽然我们一直提倡从自己身上找原因，但过重的负担会损害个人的心理健康，同时，环境层面的思考也能回答何处（Where）和何时（When）的问题，对于全方位理解动因提供了帮助。相比而言，真正的错误观念是遇到问题时聚焦于环境层面进行思考，将原因全部推脱到外部，导致问题一而再地出现。遇到问题时在环境层面展开思考是大部分人的第一反应，因此领导者在自我训练时不需要在这一层次展开过多的挖掘，而是要学会控制向外归因的意愿。

（二）行为

行为代表了个人的所作所为，回答了做什么（What）的问题。在自我训练时，不仅要考虑自己在环境中做了什么，更要思考自己没有做到什么才导致了问题的出现。"是不是自己在这件事上花费的时间不够多/不够细心/没有想周全，才导致了问题的产生？"通过这种思考，个人能够直接发现问题产生的内部原因，并从采取新行为的角度，结合"一万小时定律"设置目标，避免问题再次发生。

（三）能力

能力体现了我们所能应用的知识和技巧，是主动选择权的一种体现。从能力层面进行思考时，不仅要想自己够不够努力，更需要进一步分析是不是能力不够、方向不对，然后学习相关技能，也就是不断反思"如何做"（How）。同时，能力是在环境下对行为的指导，因此对行为的选择也是能力的一种体现。在自我训练时，领导者要对问题行为进行归因，思考一下是不是能力欠缺才忽略了一些重要的行为。

（四）价值

价值首先是个人价值观，体现了我们所相信或影响我们的概念。不同价值观会导致不同的选择，也会影响结果的产生。此外，价值也包含了信念，具有清晰目标、赋予意义的作用。在价值层面进行自我训练时，要更多地考虑一件事情或者一个选择对于自己的意义是什么。"为什么我要选择这么做？"既知道如何去做，也知道为什么要做（Why）。

（五）身份

身份通过描述自己的定位，回答了"我是谁"（Who）的问题。最基础的含义就是环境赋予的表象身份，如某部门的经理在家庭中是一位母亲，这种身份认知帮助我们理解当下的意义。深层次的身份是我们赋予自己的，"当我是部门经理时，我要以怎样的身份去做？"这种思考有助于我们认识未来的意义。在自我训练时，不仅要从自己现有的身份出发，去思考问题，更要站在更高的角度，从更深层次看待身边的事情，通过自我认同确定整体目标。

（六）精神

精神是逻辑层次中的最高层次，也是最抽象的，体现了我与世界（人、事、物等）之间的关系。精神超越了前面五个层次，是与我们自己关系极为密切的领域。精神领域是超越我们自身的更大系统的一部分，就像个体之于家庭、社会或全球的关系，回答了为了谁（For whom）及为了什么（For what）的问题。乔布斯的"改变世界"就是如此。在自我训练时，可以考虑自己的工作对社会的意义，对世界的意义。当然，在精神层面上进行考量具有难度，也并非所有事件都可以在这一层面进行思考，因此并不需要苛求自身或下属。

在工作中总会遇到付出了很大努力，但绩效却没有达到预期的情况，这时就可以尝试用 NPL 逻辑从各层面进行思考，发掘问题产生的原因并树立新的目标。

环境层次：市场发生了巨大的变化，导致辛苦做出的产品没有达到预期的效果；新方案需要向上层层汇报，能够实施的时候已经错过了窗口期；团队配合差，大家总是互相推诿……

行为层次：在与客户沟通时，可能没有完整展示出产品的优点，还需要更加深入地了解产品特点；工作的效率有些低，一天的工作需要一天半才能完成，这可能是因为对工作流程还不熟悉，需要咨询一下老员工……

能力层次：别人都能够打动客户，但是我总不能让客户满意，是不是我的表达能力还需要进一步提高；公司很多工作内容已经数字化了，我是不是需要提升一下打字能力和软件的操作水平，来提升自己的工作效率……

价值层次：虽然有同事故意拖慢我的工作进度，但我知道这样是错的，不能这么做；我还要继续提升自己的工作能力，这样才有机会晋升，成为部门经理……

　　身份层次：我一直是一个积极的人，虽然努力没有得到回报，但这可能是一时的，坚持下去一定会有收获；如果我是经理，我也会更赞同同事的提案，确实他的计划更有可行性……

　　精神层次：如果我能把这个产品做好，一定能使人们的生活更加便利，这点挫折不算什么，我还需要继续努力……

第三节　运用教练性思维激发下属

　　个人往往在发现自己认知方面的盲点和行为模式存在的问题后，才会设立新的目标，开始寻求改变，正如人们发现自己衣冠不整，才会去整理。GROW 模型和 NPL 逻辑提出了激励与问题挖掘的方法，但只有员工自主认识到了问题，形成了个人目标，方法才能够发挥效果。因此，具备教练性思维的领导者需要使用具体的手段让下属看到问题、思考问题、找到新目标并努力实现，这就需要运用聆听、提问和反馈这三种常用的教练手段。

一、有效聆听

　　管理专家史蒂芬·柯维（Stephen Covey）认为，"大部分人在倾听时，并不是真的想理解对方，而是为了做出回应。听的人基本在做两件事：要么说话，要么准备说话"。领导者如果想与员工深入沟通，就一定要用心聆听员工的话语。深层次的聆听不仅可以满足下属的自尊心，还能洞察话语背后的深层含义，听到对方的"话外之音"。

　　一个完整的聆听过程包含"接收—转化—评价—反应"四个环节。接收下属的话语是第一环节，领导者在聆听时要全神贯注，抱着真诚、支持的态度来聆听，弄清对方在表达什么，敞开自己的双耳，运用自身的沟通经验搜寻信息。随后，领导者要对接收到的信息进行转化，"翻译"所听到的内容。在这一过程中要保持客观，避免对内容进行情绪化加工。当感觉到无法对信息进行准确转化时，要主动询问员工，复述自己迷惑的内容，从而正确理解员工的话语。转化完成后，领导者要对这些信息进行评价，判断如何处理或使用这些内容，在进行评价时，不仅要考虑积极的信息，消极的内容也同样具有作用。最后，具备教练性思维的领导者还会基于评价的内容做出反应。反应既可以通过语言，让员工知道你在认真倾听，也可以通过动作，如真诚的微笑等。如果你对自己的聆听技能不够自信，以下五个技巧可以提高聆听水平：

（一）创造舒适的环境

　　一个舒适的环境能让人感到放松、安全并愿意真心交谈。在谈话时，领导者与下属尽量不要面对面坐，这会让下属感到紧张，抑制他们的思考。最好的座位摆放是有一定的角度（如 30 度或 45 度），角度的转换是从审视到陪伴的转换。下属既感到领导者在身边的支持，也能看到远方的画面，从而展开想象，探寻可能性。

（二）善用肢体语言

　　领导者在聆听时要注重肢体语言，如目光接触和身体姿势的运用。

目光接触很重要也很复杂，不同的文化、个人，都对目光接触有差异化的理解。领导者要敏锐地感受到员工的舒适程度，好的目光接触仿佛在说："我一直陪伴你，没有丝毫的恶意。"切勿盯着对方，但要大多数时间保持目光接触。此外，领导者也需要掌握合适的身体姿势，例如，保持开放的、放松的前倾姿势，减少无关动作。

双臂抱胸是一种典型的防守姿态，这种姿势源于儿童时自卫姿势。5 岁左右的儿童，遇到危险会紧紧地抱住自己并躲藏起来。随着年龄的增长，我们学会了掩饰，会通过稍稍放松手臂来掩饰内心的恐惧，从而形成了双臂抱胸这一动作。因此，当成年人遇到不愿意遇到的事情时，就会下意识地将一只或两只手臂抱于胸前，用自己的肢体形成一道身体防线，抵抗外来的危险，从而达到保护自己的目的。如果领导者在聆听内容时抱起胳膊，就会向对方传递出你有不同看法的信号。这种信号很容易识别，从而使对方不愿意继续深入沟通。

（三）语言跟随轻微鼓励

语言跟随和人们自顾自想法的普通谈话不同。语言跟随时，员工会决定谈话的进程，而领导者只是使用一些轻微的鼓励技巧。这包括简单的动作，如微笑、点头，也包括少许语言，如"嗯""对""我明白了""还有什么呢"，这样可以简洁自然地表现出对下属的温暖与支持。当然，沉默也是一种轻微的鼓励，当领导者表现出耐心并不通过提问填补沉默时，就可以给下属一些时间去思考和倾诉。

（四）保持中立的思考

在倾听时，领导者要时刻保持客观和中立，避免把个人的经历与所听到的内容联系在一起。在注意听对方讲述其经历时，不要表达一些像"我曾记得有同样的一件事情……""如果我是这个人，我就会采取……"等话语，这不仅对领导者获取信息没有多大帮助，还是给出个人建议的前兆。因此，联想与下属类似的经历和你当时采取的行动并不重要，重要的是使用有效倾听的技法，收集全面信息，帮助员工厘清问题，鼓励其自主探寻问题的答案。

（五）反思与释义

有效倾听并非仅仅是获取信息，还包括对信息的初步处理，即反思和释义。反思是领导者向对方传递整体性意见的开始。反思的内容不仅取自下属使用过的言辞，同时也取自他们的声调或肢体语言。用自己的话重述所听到的内容，在语言学中叫作释义。当领导者想检验自己是否真正理解对方所说过的话时，释义就是一个十分有用的工具。

调查研究既是我们党的优良传统和作风，也是中国共产党人的重要工作方法。习近平总书记指出："调查研究是做好领导工作的一项基本功，调查研究能力是领导干部整体素质和能力的一个组成部分。"调查研究的核心要求之一就是保证信息的准确性，这就要求领导干部在与群众交流时，善于使用"群众语言"，与群众聊得来、谈得开。在聆听时，领导者要能够运用群众易懂的语言，对内容进行重复与释义，从而确保真正理解群众的意见，获取正确的信息。

二、有力提问

具备教练性思维的领导者不仅要会听，更要会问。有力的提问能够帮助领导者获取更多的信息，还能强化与下属之间的关系，显示出对下属的关心。最重要的是，提问并回答问题本身就是解决问题的过程。以下几种提问方式能够帮助领导者提出有力的问题：

（一）使用开放式问题

开放式问题在教练式沟通中必不可少，这类问题很难简单地用"是"或"不是"来回答。员工需要更深入地与领导者沟通才能完满地回答这个问题，这能够引起员工的思考，充分给予其表达的空间。利用开放式问题，教练可以获得下属更具体的感官信息。例如，某个公司员工宣称："我的朋友老是让我失望。"开放式提问可以这样问："具体来说，你的朋友是如何让你失望的？""具体什么时候他这样做？"而不是简单地问："他为什么让你失望？"开放式提问也可以获得与下属理想结果有关的更多资料。例如："你怎样知道问题得到了解决？""哪些方面需要有所变化，才能使你感到满意？"开放式提问中的一个重要技巧是多以"如何"开始进行提问，而非"为什么"，这是因为前者让员工更多地思考潜在的解决办法。

（二）对问题进行扩展

如果把提问比作照相，那么教练性思维就要求在拍照时使用广角镜头，把更多背景映入画面，在提问时不只针对下属本人的情况，还要横向延伸到他的团队、家庭和日常经验中去。同时，对提问的拓展也要纵向延伸，深入员工的潜意识。如果问题的深度不够，仅仅调动了员工的表层意识，就会局限在某个答案的确认或者几个答案的选择上。一些拓展型的问题有："这些天你从哪里获得动力？""家庭经历能给你提供什么样的帮助？"

（三）面向未来进行提问

教练性思维要求领导者重视员工的潜能。潜能是"将要发挥的能力或者是将要显露的特征"，如果从"现在—未来"的时间顺序看，潜能应该存在于未来。同时，从发挥下属潜能的角度出发，领导者也要避免让下属的意识局限在过去，必须引导他们将眼界扩展到未来，因此在提问时可以包含"将来时"的词语，对准备要做的工作等进行提问。对外来进行题问的例子有："再继续往前，你可以做什么？""如果有第一个具体的行动计划，那会是什么？"

（四）引导员工主动探索

要想推动员工自己去解决问题，寻找方案，就要让员工主动思考解决问题的办法。因此，领导者的提问要带有支持性的引导，能够推动员工前进。一些常用的提问有："你以前遇到过这样的问题吗？是怎么解决的呢？""如果其他部门不能及时提供帮助，你还有别的好办法吗？"

一位父亲在与儿子远足时，遇到了一条狭窄平缓的河流，四周望去没有发现桥的痕迹，父亲便想让儿子思考一下如何到河的对岸。

父亲问："我们应该怎么过去呢？"答："这也没有桥啊！"

父亲问："是啊，有其他的办法吗？"答："我会游泳，我可以游过去！"

父亲问："这是个好办法，但是我不会游泳，有能让我们都过去的方法吗？"

答："要不我们造个独木筏吧？好像有点难，没有工具啊！"

父亲问："是啊，不太好造，动动小脑袋想想别的方法，以往遇到人多的地方过不去，你都怎么做的呢？"

答："那就换一条啊。有了！我们沿着河边向前走一走，看看有没有浅的地方，这样就能直接过去了！"

（五）使用积极的肯定词语

教练性思维的一大特点是鼓励，在提问时应该避免包含"不""没有"等否定词语，这会打击员工的积极情绪，让下属觉得委屈或压抑。因此，领导者在提问时要多使用肯定的词语，引导员工向积极、充满希望的方向思考。具备教练性思维的领导者还会将问题进行转化，如把"你怎么避免出错"改为"你怎样能做得更好"，这样既获取了自己需要的信息，也保证了积极的沟通。

（六）上堆与下切

上堆与下切是两种高级的提问逻辑，可以用来进一步辅助员工的目标设置。上堆是一个归纳总结的收敛过程，将话题推向更高的维度，如员工表现出不满时，可以就能力和价值观进行提问。下切则相反，是对内容的不断细化，如有员工抱怨同事总是为难他，就可以询问"是怎么为难的呢"？如果员工回答"他说我做事不仔细"，就可以进一步询问"不仔细体现在什么内容上呢"，从而发现员工的具体问题，帮助他们设立具体目标。

某精密组装企业的组装工因为压力过大，甚至出现员工自残事件，人员流失严重。在公司自查过程中，发现生产线线长的谩骂和威胁直接影响了组装工人的心理健康，于是公司与部分线长进行了谈话。

公司问："你在工作中是否存在责骂生产线员工的情况呢？"答："确实有这方面的行为。"

公司问："你为什么要这么做呢？"

答："我希望他们能够动作更快一些，有的人效率太低了。"

公司问："希望他们提高生产效率，除了责骂外，应该还有其他的方式和途径吧？"（开放性问题展开思考）

答："有的人确实就很慢，不逼不行啊。"

公司问："我理解你的心情，但责骂只能暂时提高效率，有没有考虑长久地改善他们的行为呢？"（从行为层面切到其他层面）

答："可能他们的技能水平还不够好，积极性也不够高。"（上切到能力和信念层面）

这时，公司回应："是啊，那就应该想办法从这两个方向下手，不要再责骂员工了。"（肯定引起共鸣，清晰目标）

三、反馈激发潜能

以人为镜，可以知得失。在聆听与提问过后，领导者获取了大量的信息，这时就需要通过反馈分析下属的优势与问题，回应下属的提问与质疑，激发下属向目标开始行动。反馈是将教练性思维落地到成果中的关键，当反馈能够发挥激发作用时，就能形成"聆听—提问—反馈"的闭环，下属经历了"自我觉察发现目标—思考如何达成目标—开始行动实现目标"的全过程。如果领导者不知道如何进行反馈，或者反馈之后没有达到激发行为的效果，以下五个技巧可以参考学习：

（一）筛选有效信息

经过不断提问，领导者与员工交流了大量的信息，这既包含能够推动下属有效制定策略的内容，如未来发展愿景、能力优势与缺陷等，也涵盖了很多修饰性的内容，如公司内的趣闻等。在反馈时，领导者要对信息进行筛选，主要对有助于实现目标的信息进行反馈，忽略那些修饰性的内容，虽然后者有助于在谈话时引导下属开放心态，但在反馈阶段要抓住重点，即激发员工实现目标。此外，领导者也要对目标相关的信息进一步聚焦，重点放在实际发生过的语言和行为上，而不是揣测下属的动机、意图或情感，从而确保信息真实可靠。

（二）感受下属的状态

在进行反馈前，领导者要进行一些沟通检查，确定下属是否为接受反馈做好了准备。当员工主动征求反馈时，反馈效果是最好的，反馈内容也最有可能被接受和采用。当然这是理想状态。更多的时候领导者需要主动发起讨论，这时就需要询问员工是否愿意听你的建议和想法，从而避免大多数的自然防御反应。

（三）具体与及时

任何事件都有两面性，模糊的回答会使人疑惑，而具体的反馈会让人印象深刻。因此，领导者在反馈时要做到"言之有物"，避免使用"你应该""你最好"之类的表述，从下属的实际情况出发，反馈具有指导意义的、清晰明确的内容。同时，反馈得越及时，结果就越有效，领导者在得到足够的信息后要立刻进行反馈，这有助于员工结合当时的情况、发生原因、内心感受和想法进行深入沟通，不要推迟到下一个话题，甚至下一次会面时再进行反馈。

（四）积极性反馈

反馈积极内容是对下属行为和结果的肯定，能够有效激励下属，给予自豪感，从而期待他们进一步采取行动达成目标。在反馈积极性内容时，领导者应该注重下属的行为，尤其是优点和长处，在反馈的一开始要陈述下属说了什么、做了什么，突出实现目标的关键行为。例如："我注意到你在谈论团队成果时，着重地提到了团队成员应该如何互相配合来开展工作。"同时，反馈时不仅要对结果表示认可，也要肯定过程中付出的努力，"正是因为你不断完善方案，我们才能顺利拿下这个项目"。最后，领导者还要带领下属共同展望，提示从目前的行动可以获得的未来成果，激发员工持续行动的动机，实现更多的目标。

（五）发展性反馈

发展性反馈是对错误行为的纠正，目的是终止下属继续采取偏离目标的行为。发展性反馈并不是责难，而是使用积极的语言指出员工需要完善的行为，并提供改善方向。具体来说，领导者要聚焦下属的行为，说明错误行为的影响和后果。"如果你经常忘记向领导者汇报工作进程，他们可能觉得你没有上进心，工作态度随意，这样你的绩效打分可能会受到影响。"随后与下属共同探讨正向的结果和相适应的期望行为，"如果你能……，那么这个项目一定会通过，奖金非你莫属"。值得注意的是，在进行发展性反馈时，领导者一定要坦诚，让员工感觉到你确实站在他的立场上考虑问题。同时，行为改进建议一定是可实现和可操作的，这样下属才能将其加入在自己的行动计划中。

20 世纪 80 年代，存储器市场上独占鳌头的英特尔被日本极低价格的存储器挤出了市场，以致连续六个季度出现亏损，就在产业界普遍怀疑英特尔能否生存下去的时候，英特尔的老板安德鲁与董事长摩尔进行了单独的会谈。

安德鲁问："如果你被迫下台，你认为新当选的 CEO 会采取什么行动？"

摩尔答："或许他们会放弃生产存储器。"

安德鲁问："为什么未来会放弃这个业务呢？"

摩尔答："因为我们无法通过价格来反击，留给我们的利润空间越来越小。"

安德鲁问："为什么我们不自己走出这个怪圈呢？如果你能放弃这部分业务，寻找新机会，我们还会成功！"

最终，摩尔在安德鲁的支持下力排众议，砍掉了存储器的生产，转而把微处理器作为新的利润增长点，经过不懈努力，英特尔成为世界上最大的半导体企业。

教练性思维如图 7-5 所示。

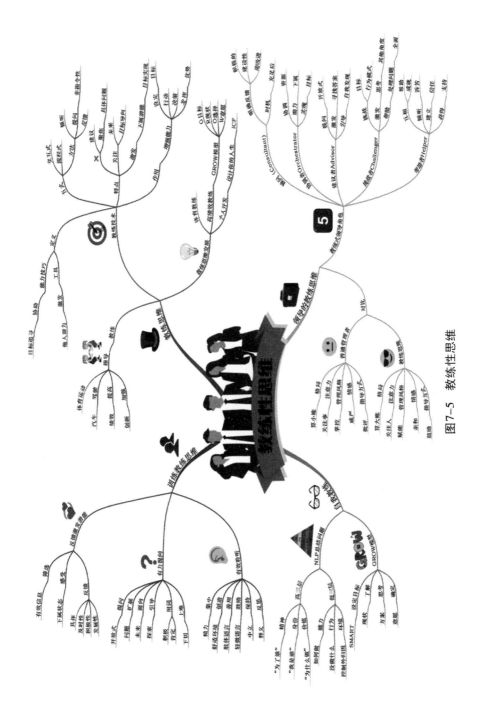

图7-5　教练性思维

参考文献

［1］徐斌，西楠，胡晖.NLP 原理与教练式领导力［M］.北京：人民邮电出版社，2015.

［2］田俊国.赋能领导力［M］.浙江：浙江人民出版社，2017.

［3］黄路建.教练式沟通——直达人心的管理口才技巧［M］.北京：中国纺织出版社，2019.

［4］Kouzes J M, Posner B Z. A coach's guide to developing exemplary leaders：Making the most of the leadership challenge and the leadership practices inventory（LPI）［M］. New York：John Wiley & Sons, 2017.

［5］Whitmore J. Coaching for performance［M］. London：Nicholas Brealey Publication. , 1996.

［6］Champion C K. The philosophy and practice of coaching：insights and issues for a new era［J］. 2009, 2（1）：92-94.

［7］Escudé V. Creating corporate coaching cultures for resiliency and performance［J］. The Philosophy and Practice of Coaching：Insights and issues for a new era, 2012：261-275.

后　记

　　本书提出的5T火箭领导力思维模型是笔者对中国式领导力研究的阶段性成果，随着理论与实践的不断发展，未来还会更新、调整该模型的深度与广度。

　　构建模型之初，笔者就确定了用"思维"来命名领导力，主要还是想强调可以反映领导者核心要求的素质，即挖掘领导力中更内隐的层次，如自我形象、态度、价值观、动机等。领导力是领导者的个体能力、思维方式、实践经验以及领导方法等的集合。通过归纳深层次领导力素质的特点，发现或多或少都指向个体的思维能力，通过思维方式表现出来：我们对自身的看法（自我形象）和对组织准则的认识（社会角色）是思维方式的一部分；价值观是我们认定事物的一种思维方式；态度是思维方式外化的结果；外部信息也会通过思维方式影响动机，并经由思维促进行为，并且思维是人脑的机能，是人独有的意识活动，是认识的高级阶段。当围绕知识与技能构建的领导力素质模型不适应组织发展、不能满足对领导者能力的评价时，思维方式（思维能力）成为一个很好的切入点。以思维方式来建立领导力素质模型能够很好地避免上述缺陷，构建出反映领导者深层次特征的领导力模型。

　　另外，5T 火箭领导力思维模型的提出主要还是立足于当下的领导者如何更好地在企业经营管理过程中解决难题，如技术创新问题、人才培养问题等。因此，现下的 5T 火箭领导力思维模型是以解决问题为驱动的，因而对 5T 火箭领导力思维模型的理论探索就相对较少。因此从研究的严谨性上看，该模型是否一定适用于领导者的企业管理实践，还需要更加深入的实证探索，同时也需要众多企业管理者的亲身经历来加以佐证。再进一步，对领导力思维模型的测量和评价也是未来值得关注的研究方向，也是我们之后研究的焦点，即将 5T 火箭领导力思维模型概念化为更具体的测量工具，并用其预测组织、团队及员工的各项绩效指标，以更全面地探索 5T 火箭领导力思维模型的效能。

　　行文至此，落笔为终。衷心感谢此书撰写过程中帮助过我们的老师、朋友，也感谢一直支持我们研究工作的所有同仁。由于笔者知识水平有限，书中难免存在错误和疏漏，恳请各位老师、专家不吝赐教。